더 퍼지
AI 시대
누가 미래를
이끄는가

더 퍼지
AI 시대 누가 미래를 이끄는가

펴낸날 2024년 11월 20일 1판 1쇄

지은이 한지우
펴낸이 김영선, 김대수
편집주간 이교숙
책임교정 나지원
교정·교열 정아영, 이라야, 남은영
경영지원 최은정
디자인 늦은비
마케팅 신용천

펴낸곳 미디어숲
주소 경기도 고양시 덕양구 청초로 66 덕은리버워크지산 B동 2007호~2009호
전화 (02) 323-7234
팩스 (02) 323-0253
홈페이지 www.mfbook.co.kr
출판등록번호 제 2-2767호

값 17,800원
ISBN 979-11-5874-236-2(43300)

미디어숲과 함께 새로운 문화를 선도할 참신한 원고를 기다립니다.
이메일 dhhard@naver.com (원고 및 기획서 투고)

인문학적 감각으로
인공지능 혁명을 일으키다

더 퍼지
AI 시대
누가 미래를
이끄는가

한지우 **지음**

인공지능이 대체하지 못하는
인간의 능력은 무엇인가

미디어숲

인공지능 시대에
꼭 필요한 능력

"한지우 작가의 『AI는 인문학을 먹고 산다』는 인공지능 기술의 발전이 인문학적 지식과 어떻게 상호작용을 하는지 탐구하는 책입니다. 비평적으로 볼 때, 이 책은 인공지능과 인문학의 관계를 재조명하는 데 큰 의의가 있습니다. 저자는 인공지능이 인문학적 지식 없이는 그 자체의 발전에 한계가 있음을 주장하며, 인문학적 접근이 기술적 문제 해결에 어떻게 도움을 줄 수 있는지를 설명합니다. 다만, 이 책은 때때로 인문학과 기술의 연결 고리가 추상적이거나 이론적으로 머무는 경향이 있어서 실제적인 적용 사례나 구체적인 예시가 부족할 수 있습니다. 이러한 점은 일부 독자들에게는 인문학과 인공지능의

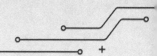

실질적인 연결점을 이해하는 데 어려움을 줄 수 있습니다."

위 글은 제 전작 『AI는 인문학을 먹고 산다』에 대한 비평입니다. 누가 썼냐 하면 바로 생성형 인공지능(AI) 챗GPT입니다. 챗GPT가 내놓은 비평을 보며 제가 쓴 책과 강의를 돌아보게 되었습니다. 놀랍게도 챗GPT가 지적한 대로 제 책은 인문학과 기술의 연결 고리가 추상적이라는 비판을 받았습니다. 많은 독자와 청중이 인문학이 실제로 어떤 도움이 되는지, 그리고 어떻게 인문학을 공부해야 하는지에 대해 명확한 답을 찾지 못했다고 말해 왔습니다. 인공지능이 제 책의 한계를 정확히 포착한 것에 놀랐습니다. 더욱이 인공지능의 능력이 점차 강화되고 있다는 사실은 큰 충격이었습니다.

이 책은 이러한 배경에서 탄생하였으며, 인공지능 시대에 대체되지 않는 인간적인 능력을 '인문학적 감각'이라고 명명했습니다. 그리고 인문학적 감각을 어떻게 나의 경쟁력으로 바꿀 수 있는지, 어떻게 인공지능 시대에 대체 불가한 인재가 될 수 있는지를 제시하고자 합니다.

인공지능은 많은 직업을 변화시키고 사라지게 할 수 있지만, 인간만이 가진 고유한 능력과 역량은 더욱 중요해질 것입니다. 특히 강력한 인공지능의 출현은 우리는 예상치 못한 새로운 기회의 영역을 창출하기도 합니다. 따라서 인공지능은 가지지 못한 '인간적인 고유함'을 다루는 인문학의 중요성이 커지고 있습니다.

인문학은 단순히 지식의 축적을 넘어 인간의 삶과 사회를 깊이 이해하고 해석하는 데 중요한 역할을 합니다. 또한 기술이 제공할 수 없는 인간적이고 감성적인 통찰을 제공합니다. 예를 들어 인공지능은 데이터를 분석하고 예측하는 데는 뛰어나지만, 인간의 복잡한 감정과 도덕적 판단을 이해하는 데 한계가 있습니다. 게다가 인공지능으로 인해 사회를 예측하기가 더욱 어려워지고 있습니다. 따라서 불확실한 상황을 유연하게 다루고 창의적으로 문제를 해결하는 지혜가 절실해질 수밖에 없습니다.

인공지능 시대의 혁신을 이끄는 이들은 공통적으로 오랜 시간 인문학을 공부하고 이를 다양한 상황에 적용하는 훈련을 받았습니다. 이들은 단순히 학문적 지식을 넘어, 비즈니스와 조직 혁신에서 인문학적 감각을 활용합니다. 인공지능이 쉽게 대체할 수 없는 이러한 인재를 '퍼지(Fuzzy)'라고 부릅니다.

이 책은 인공지능 시대의 새로운 퍼지형 인재의 공통된 특징을 탐색하고, 이들이 인문학적 감각으로 어떻게 시대를 주도해 나가는지를 설명합니다. 또한 인문학적 감각을 기르는 구체적인 방법론도 제시합니다. 이 책을 읽고 빠르게 변해 가는 세상에서 어떻게 살아야 할지, 어떻게 인공지능 시대를 대비하고 이끌어 갈지 각자의 로드맵을 그려 볼 수 있기를 바랍니다. 인공지능 시대의 불안과 두려움을 이겨내고 더 많은 기회와 잠재력을 발휘할 희망을 품을 수 있기를 기원합니다.

저자 한지우

차례

1장

인공지능으로
날개를
다는 사람들

AI가 대체하지 못하는 능력, 퍼지

만약 기계가 사고할 수 있다면 기계는 우리보다 더 지능적으로 사고할 텐데,
그때 우리는 어디에 있을 것인가?

– 앨런 튜링(수학자 및 컴퓨터과학자)

'느낌적인 느낌'을 잘 다루는 사람들의 시대

아래는 두 친구가 스마트폰을 구매하기 전에 나눈 대화입니다.
A와 B는 함께 스마트폰 판매장에서 새로운 모델을 살펴보고 있
습니다.

A: (스마트폰 설명서를 가리키며) 와, 이 모델은 12GB 램Ram에 512GB 저장
  용량이야. 그리고 최신 프로세서를 탑재해서 멀티태스킹 성능이 뛰어
  나다고 하네.

B: (스마트폰을 들어보며) 그래? 난 이 디자인이 마음에 들어. 이 블루 색상이랑 얇고 가벼운 느낌이 정말 감각적이야.

A: (화면을 터치하며) 여기, 디스플레이 해상도도 2,160p로 아주 선명해. 영상 볼 때 색감이 뛰어날 거야.

B: (화면을 쳐다보며) 음, 그건 좋긴 한데, 나한테는 베젤이 거의 없는 화면이 더 중요해. 영상 볼 때 더 몰입되잖아.

A: (카메라를 살펴보며) 그리고 카메라가 2억 화소라서 사진이 엄청나게 디테일하게 찍혀. 그리고 야간 모드도 아주 잘돼 있어.

B: (카메라로 셀카를 찍으며) 맞아, 사진 잘 나오면 좋지. 그런데 난 셀카 찍을 때 이 카메라 앱의 필터가 주는 느낌이 더 중요한 것 같아. 얼굴이 더 예쁘게 나오는 거 말이야.

A: (배터리 정보를 보며) 배터리도 5,000mAh라서 온종일 써도 문제없겠어. 그리고 고속 충전도 지원해서 금방 충전할 수 있어.

B: (미소 지으며) 그건 좋네. 그런데 나는 스마트폰을 들었을 때 이 그립감이 더 중요해. 이 모델은 종일 들고 다니기에도 딱 좋은 것 같아.

A: (설정 메뉴를 탐색하며) 소프트웨어도 최신 버전이고, 업데이트도 자주 해준다고 하네. 보안도 강화됐고.

B: (고개를 끄덕이며) 음, 그런 것들도 중요하지. 하지만 난 이 모델의 '느낌적인 느낌'이 마음에 들어. 이거 사면 매일 기분이 좋을 것 같아.

두 친구의 대화에서 흥미로운 부분이 있습니다. 바로 B가 자주 이야기하는 '느낌', '느낌적인 느낌'이라는 표현입니다. '느낌적인 느낌'은 감정이나 직관을 언어로 명확하게 설명하기 어려울 때 사용하는 유행어입니다. '느낌'이라는 명사 뒤에 '-적인'이라는 접미사를 붙여 형용사로 변형시킨 뒤 감정적이고 직관적인 인상을 강조하려는 의도가 담긴 표현입니다. '하이터치High-touch'라는 말로도 대체할 수 있는데, 기술이 발전함에 따라 사람들이 더 많은 인간적 접촉과 감정적 유대를 원하는 현상을 뜻하는 개념입니다.[1]

우리에게 익숙한 용어인 '하이테크'는 첨단기술의 발전과 그로 인한 자동화 및 효율성 향상 등을 의미합니다. 그리고 앞에서 언급한 '하이터치'는 특히 인공지능 시대에 중요한 인간의 고유한 능력입니다. 하이테크가 우리의 일상과 업무를 보다 효율적이고 편리하게 만들 수는 있겠지만, 인간적 접촉과 감정적 유대를 완전히 대체할 수는 없습니다. 인공지능은 데이터를 분석하고 예측하는 데 뛰어나지만, 인간의 복잡한 감정과 직관을 완전히 이해하고 재현하는 데는 한계가 있습니다. 인간은 공감, 직관, 감정적 지능EQ 등의 능력이 뛰어납니다. 인공지능이 아무리 발전해도 인간 고유의 감정적 경험을 완전히 대체하기는 힘듭니다. 여기에 더해 관계가 없어 보이는 것들을 결합해 새로운 트렌드를 창조하는 상상력이라는 의미의 '하이콘셉트High-concept'도 인공지능이 대체하기 힘든 인간만의 능력을 나타내는 말로 사용되고 있습니다.[2]

인공지능과 같은 첨단기술이 가장 어려워하는 것은 바로 인간 고유의 능력인 '하이터치'와 '하이콘셉트'입니다. 이 능력을 지닌 사람들은 흔히 '우뇌형' 혹은 '예술가형 인재'로 불리며, 새로운 시대에는 이들이 더욱 중요한 역할을 하게 될 것입니다. 인공지능 시대에는 단순히 기술 수준이 높은 제품이나 서비스를 넘어서 '느낌의 차이'를 만들어 내고, 사람들에게 긍정적인 감정을 유도할 수 있는 능력이 중요한 가치를 지니게 됩니다.

인공지능이 대체하기 어려운 것은 규칙이나 논리에 기반한 일이 아닙니다. 오히려 연관성이 없어 보이는 것들을 결합하여 새로운 아이디어를 창출하고, 이를 통해 사람들에게 감동을 줄 수 있는 능력입니다. 이러한 능력을 지닌 인재들은 이전에 존재하지 않았던 독창적인 것들을 만들어 내며, 이를 바탕으로 새로운 제품과 서비스를 개발합니다. 창조적 능력은 인공지능이 쉽게 모방할 수 없는 영역입니다.

'느낌적인 느낌'으로 표현할 수 있는 하이터치와 하이콘셉트는 인공지능 시대에 우리가 주목해야 할 핵심적인 인간의 역량입니다. 하이테크는 우리의 생활과 업무를 더욱 효율적이고 편리하게 만들 수 있지만, 인간적 접촉과 감정적 유대를 완전히 대체할 수는 없습니다. 그래서 깊은 감동을 주고 마음을 움직이는 하이콘셉트와 하이터치의 능력을 지닌 예술가적 면모를 가진 사람들이 예술의 영역을 넘어 다양한 분야에서 그 역량을 발휘하게 될 것입니다.

이들은 기술 발전이 채워 주지 못하는 삶의 의미, 존재의 가치, 인간관계와 자연의 아름다움 같은 실존적 문제들을 풍부하게 다루며, 인공지능 시대에도 여전히 중요한 역할을 맡을 것입니다.

테키 vs. 퍼지

2023년 애플의 광고 중 하나가 화제가 됐습니다. 직장 상사에게 불만이 많은 여성이 광고의 주인공이었습니다. 애니메이션을 제작하는 애니메이터로 일하는 그녀는 상사에 대한 영상을 만듭니다. 처음에는 자신에게 늘 핀잔만 주는 상사에 대한 불만으로 그를 부정적인 모습으로 희화화합니다. 하지만 뜻밖에도 상사가 동료들에게 직접 만든 연말 선물을 나눠 주고 혼자 식당에서 외롭게 밥을 먹는 모습을 발견한 뒤 예전과 다른 감정을 느끼며 맞은편에서 함께 식사하는 장면으로 영상이 끝납니다. 애니메이션을 통해 타인과 감정적으로 교감하는 일련의 과정을 보여 주는 이 광고는 전 세계 모든 직장인에게 공감을 불러일으켰습니다. 광고는 공개되자마자 많은 주목을 받았습니다. 마음을 따뜻하게 하는 스토리텔링과 스톱모션 애니메이션은 조지 해리슨의 〈Isn't It a Pity〉라는 OST와 어우러져 깊은 울림을 낳습니다.[3]

이 광고는 창의성이 사람들 간의 관계를 변화시키고 세상을 더 따뜻하게 만들 수 있다는 메시지를 전달하며 애플 제품이 이를 위한 창의적 도구라는 메시지를 담고 있습니다. 전 세계적으로 엄청난 조회 수를 기록하며 애플의 브랜드 이미지를 더욱 강화했으며 다양한 어워드에서 상을 받았습니다.[4]

이 광고의 제목은 'Fuzzy feelings'입니다. 이는 영어권 문화에서 널리 사용하는 구어적 표현으로, 따뜻하고 기분 좋은 감정을 나타냅니다. 번역하자면 '포근한 감정, 따뜻한 감정' 정도로 번역할 수 있습니다. 이는 만족감, 행복, 안락함 또는 사랑과 같은 긍정적인 감정 상태를 설명할 때 사용합니다. 특정 경험, 기억 또는 사람이 주는 따뜻한 감정 등을 표현할 때, 일상 대화나 문학 작품, 영화, 음악 등에서도 감정의 깊이를 표현할 때 자주 사용합니다. 예를 들어 누군가가 감동적인 영화를 보거나, 사랑하는 사람과 시간을 보낼 때 이러한 감정을 느낄 수 있습니다.

'Fuzzy feeling'에서 '퍼지Fuzzy'라는 단어는 명확하게 구분되지 않고 모호한 영역을 의미합니다. 수학에서 로트피 자데Lotfi Zadeh가 소개한 개념 '퍼지 로직Fuzzy logic'은 불확실성을 다루고 복잡한 시스템을 모델링하기 위해 개발된 수학적 방법론입니다. 기계적인 흑백 논리의 한계를 극복하고, 인간의 추론과 판단 과정을 더 잘 반영할 수 있는 모델을 제공합니다. 퍼지 로직은 불확실하고 모호한 정보를 처리합니다. 또 다른 차원에서 '퍼지'는 다양한 특성이 있는 인물을 묘사할 때 사용됩니다. 이러한 인물들은 전통적인 전문 분야에 국한되지 않고 여러 영역에서 융합적이거나 혁신적인 활동을 통해 복잡하고 불분명한 현대 사회의 문제를 해결하는 능력을 발휘합니다.

미국에서 실리콘밸리의 다양한 인재를 배출하고 있는 스탠퍼드 대학교에서는 인문학이나 사회과학을 전공한 사람을 '퍼지', 컴퓨터과학이나 공학을 전공한 사람을 '테키Techie'라고 부릅니다. 이들이 가진 능력을 소프트 스킬Soft skill, 하드 스킬Hard skill이라고 구분하여 부르기도 합니다. 실리콘밸리에서도 이러한 영향을 받아 인재를 크게 두 가지 범주로 구분합니다. 코딩 능력과 로

봇 엔지니어링 같은 최첨단 기술을 다룰 수 있는 '테키'와, 사람들이 원하는 제품과 서비스를 만들며 인간적 맥락의 기술을 다루는 '퍼지'입니다.

테키들이 더 많은 기술적 진보를 이룰수록 인간의 고유 영역에 해당하는 일을 해낼 수 있는 사람들의 필요성도 커집니다. 즉, 인공지능과 같은 강력한 기술이 지배하는 세상에서 테키의 영향이 커질수록 인간적 감성을 다룰 수 있는 퍼지들의 역량이 더 중요해집니다. 미래에는 기술을 '잘 활용한다'는 의미가 '기계를 능수능란하게 다룰 줄 안다'는 뜻이 아니라 '우수한 기술을 사회에 유의미하게 적용할 줄 안다'는 뜻으로 사용될 것입니다.[5]

퍼지들이 이끄는 기업은 전 세계 수많은 예술가의 잠재력을 융합해 단순한 기술의 개발이 아닌 하나의 예술 작품처럼 혁신적인 제품을 소비자들에게 선보이고 있습니다. 실리콘밸리에서는 이런 유형의 인재들이 협력하면서 다양한 기술을 바탕으로 한 제품과 서비스가 생겨나고 있습니다. 이런 혁신을 주도하는 하이테크 기업들의 창업가나 리더 그룹을 보면 기술적 역량을 가진 테키보다 인간적 맥락을 다루는 퍼지 유형의 인물들이 더 많습니다.

기술이라는 것은 어느 한 세대를 지나면 그 영향력이 급격하게 줄고 새로운 세대의 기술에게 주도권을 완전히 넘겨주기도 합니다. 그래서 어느 한 시기의 기술 습득은 일정 시간이 지나면 무용한 기술이 될 수 있습니다. 그러나 인간과 사회의 본질적인 부분에 대한 이해와 지혜는 시대를 초월합니다. 퍼지형 인재들은 이런 부분에 대한 통찰을 가진 사람들입니다. 이들은 인공지능 시대에 요구되는 가장 중요한 질문인 '인간다움이란 무엇인가?', '인공지능 시대를 살아가는 인간의 가장 큰 욕구는 무엇인가?', '인간은 인공지능과 무엇으로 구분되는가?' 등을 성찰하고 고민합니다. 그리고 나름의 답을 기술에 반영합니다. 그렇게 첨단기술 시대에도 항상 높은 기술적 수준의 기업이 승리하는 것이 아니라 진정으로 사람이 원하는 것을 이해하고 상상하여 고객에게 제공하는 기업이 승리합니다. 하이테크 시대는 사람들에게 역설적으로 오히려 더 'Fuzzy feeling'과 같은 하이터치의 감성을 요구하고 있습니다.

비관적인 사람들은 인간의 고유한 능력마저 인공지능에 의해 대체될 수 있다고 주장합니다. 하지만, 그럴 수 있다 하더라도 여전히 이는 인공지능이 가장 대체하기 어려운 분야 중 하나로 남을 것입니다. 인공지능 시대가 이미 문을 열었는데도 애플의 광고가 많은 사람에게 감동을 주고 애플 제품에 대한 신뢰와 긍정적인 이미지로 연결되는 것을 보면 알 수 있습니다. 이처럼 퍼지의 사고방식과 태도는 현대 사회에서 더욱 중요한 가치로 부상하고 있으며, 미래의 첨단 인공지능 시대에서도 인간의 고유한 경쟁력으로 남을 것입니다.

진정으로
감탄할 줄 아는가?

나에겐 특별한 재능이 없다.
내게 있는 건 열렬한 호기심뿐이다.

- 알베르트 아인슈타인(이론물리학자)

감탄하지 못하는 현대인

뉴스 보도에 따르면 삶을 흥미진진하게 살아가기는커녕 불행하다고 느끼고 정신적으로 고통받고 있다고 말하는 사람들이 늘어나고 있습니다. 과도한 경쟁이나 경제적 어려움, 그리고 인간 소외를 낳는 사회 구조적 문제 등이 주요 원인으로 꼽힙니다. 이런 사회에서 우리는 압박감을 느끼고, 심지어 불안과 우울증, 나아가 무기력증 같은 정신적 질환을 얻기도 합니다.[6]

사람들은 기술의 발전과 정보의 홍수 속에서 살고 있습니다.

이런 환경에서 우리는 종종 호기심을 잃고 좀처럼 감탄하지 않는 모습을 보이곤 합니다. 이러한 현상은 여러 가지 이유와 특징을 가지고 있으며, 우리의 삶과 사회에도 큰 영향을 미칩니다. 바로 호기심과 경이감이 없는 사람은 창의성을 가질 수 없기 때문입니다.

현대 사회는 구조적으로 개인에게 경쟁을 강요하고 압박감을 줍니다. 이로 인해 현대인의 창의성은 제한될 수밖에 없고 결과적으로 개인과 사회의 혁신 능력은 감소합니다. 나아가 다양한 매체를 통해 과거보다 빠르고 쉽게 접할 수 있는 자극적이고 염세적인 뉴스들은 우리의 인식을 더욱 부정적으로 바꿉니다. 하지만 개인의 창의성이 발휘되기 위해서는 심리적 안정과 여유 그리고 무엇보다 물리적·정신적 자유가 필요합니다.

인공지능 시대에는 스마트폰과 인터넷을 통해 하루에도 수없이 많은 정보를 접합니다. 너무 많은 정보가 한꺼번에 쏟아지다 보니 중요한 것과 그렇지 않은 것을 구별하기가 쉽지 않습니다. 결국, 모든 것이 하찮게 느껴지기도 합니다. 이렇게 정보가 넘쳐나는 시대에 살면서 우리는 깊이 있는 탐구보다는 피상적인 정보 소비에 그칠 때가 많습니다. 예전에는 새로운 발견이나 발명품이 나올 때마다 사람들은 놀라워하고 감탄했습니다. 하지만 지금은 새로운 기술이나 제품이 너무 자주, 너무 쉽게 등장하다 보니 더는 놀라워하지 않습니다. 인공지능, 가상현실, 자율주행차 등 혁신적인 기술들이 일상적으로 소개되면서 우리는 그저 '또 새로운 게 나왔구나' 하고 넘어가곤 합니다.[7]

현대 사회는 성과와 효율만을 중시하는 경향이 강합니다. 학교에서부터 직장에 이르기까지 우리는 끊임없이 경쟁하고 더 나은 성과를 내기 위해 노력합니다. 이런 환경에서 우리는 여유를 잃고, 새로운 것에 대한 호기심이나 감탄보다는 당장의 목표 달성에만 집중하게 됩니다. 이는 우리의 정신적·감정적 여유를 빼앗아버립니다. 소셜 미디어 같은 디지털 플랫폼은 사람들 간의 연결을 편리하게 만들었지만, 동시에 피상적인 인간관계를 양산했습니다. 우리는 다른 사람의 삶을 쉽게 엿볼 수 있게 되었지만, 그것의 진정한 의미를 느끼게 하거나 감탄을 불러일으키기보다는 비교와 질투를 조장하는 악영향을 미칠 때가 더 많습니다. 타인의 성취나 아름다움에 대한 감탄보다는 자신의 부족함에 더 집중하게 만듭니다. 이러한 특징들은 우리 각자의 심리와 행동에 깊은 영향을 미칩니다.

호기심이 부족한 사람들은 새로운 경험을 추구하지 않게 되고, 이는 창의력과 문제 해결 능력을 떨어뜨리는 결과를 초래합니다. 감탄하지 않는 사람들은 일상의 소소한 아름다움과 기쁨을 느끼지 못해 창의성을 잃고 삶의 만족도와 행복감도 줄어듭니다.

종합해 보면, 현대 사회에서 인간이 자기 고유의 감정을 경험하기 어려운 이유는 정보 과부하, 기술의 급속한 발전, 경쟁 중심의 사회 구조, 피상적인 인간관계 등 여러 요인에서 비롯합니다. 이러한 요인들로 인해 현대인은 호기심을 잃고 더는 감탄하지 않게 되었습니다. 우리가 창의적인 사람이 되기 어려운 이유입니다.

창의성의 원천, 경이감 회복하기

인공지능 시대에 창의성은 예술가들의 전유물이 아닙니다. 평범한 사람들에게도 창의성이 필요합니다. 그러나 역설적으로 인공지능 시대를 살아가는 사람들이 창의성을 발휘하는 것이 예전보다 점점 더 어려워지고 있습니다. 그래서 우리는 창의성의 본질을 이해하고 이를 회복하는 방법을 찾아야 합니다. 이 책에서 강조하는 창의성은 단순한 추상적 개념이 아니라, 실제로 현실에서 다양한 표현을 통해 나타나는 능력입니다. 인간관계, 고객 응대, 제품 소개, 마케팅 등 다양한 분야에서 필요한 특성입니다.

다양한 창의성 연구들을 종합해 보면, 창의성은 경이감에서 비롯한다는 것을 알 수 있습니다. 경이감은 '생각, 느낌, 감각, 상상력을 포함하는 온몸의 경험'으로, 이는 인간의 깊은 통찰과 변화를 끌어낼 수 있는 중요한 감정입니다. 경이감은 자연의 아름다움, 예술 작품, 인간관계 등 다양한 요소에서 느낄 수 있습니다. 이 감정을 통해 우리는 자신의 한계를 넘어 더 큰 존재와 연결되었음을 느끼며, 삶의 의미를 깊이 이해하고 심리적 성장과 변화를 촉진합니다.[8]

『경이감을 느끼는 아이로 키우기』의 저자 카트린 레퀴예Katrin Lique는 어린이들을 보면 그 답을 찾을 수 있다고 말합니다. 아이들은 주변의 사물을 관찰하고, 행동하기 전에 생각하고, 상상에 빠지기도 하면서 세상을 알아가는 데 지루할 틈 없이 흥미를 느낍니다. 레퀴예는 그것이 바로 교육의 본질이라고 주장합니다.[9]

경이감은 세상을 마주할 때 느끼는 놀라움과 호기심으로, 이를 통해 우리는 세상에 대해 더 알고 싶고 학습과 탐구의 욕구가 생겨납니다. 경이감은 창의성의 원천이기 때문에 사회와 부모, 교육자들이 해야 할 중요한 일 중 하나는 바로 개인이 가진 이 경이로움을 지켜내는 것입니다. 그러나 오늘날 우리 사회는 정반대의 방향으로 나아가고 있습니다. 엉뚱한 질문을 거절하고, 학교 성적과 입시에만 집중하라고 요구하며, 취업 이후에는 승진과 사회적 성공만을 위해 노력하도록 강요합니다. 이런 환경에서 인공지능 시대를 맞이한 사람들은 냉소적 태도로 모든 일에 흥미를 잃고, 삶을 단조롭게 느끼기 쉽습니다. 결과만을 중시하고 외적 동기에 의존하는 삶의 방식은 결국 학습과 배움에 대한 진정한 열정을 잃게 만듭니다.

흥미로운 점은 경이감이나 감탄하는 능력은 안락하고 익숙한 환경에 머무를 때 나타나지 않습니다. 이 능력은 우리가 갈등을 두려워하지 않고 새로움을 추구하고 미지의 영역으로 나아갈 때 생겨납니다. 인간은 갈등을 통해 스스로를 인식하고 상상력과 창의력을 발휘할 수 있습니다. 창의성이란 세상의 양극성에서 생기는 갈등과 긴장을 회피하지 않고 받아들일 때 생겨나는 능력이기 때문입니다.

현대 교육은 인간의 갈등 경험을 제거하는 데 초점을 맞추고 있습니다. 가정에서부터 학교까지 아이들이 갈등을 피하길 바라며 마찰 없이 돌아가는 무색무취한 사람으로 만들려는 경향이 큽니다. 어떤 갈등이든 금방 사라지고 욕망을 쉽게 충족하는 상황 속에서 인간은 섬세한 감정을 잃고 피상적인 감정만을 느끼며 살아가게 됩니다.[10] 그래서 새로운 환경이나 문화를 경험하고, 이때 생겨나는 갈등을 스스로의 힘으로 해결하고, 그 과정에서 한 개인의 고유성을 드러낼 수 있도록 기회를 주는 것이 필요합니다. 일상에서 경이감을 찾고, 디지털 기기 사용 시간을 조절하며, 교육 시스템과 직장에서의 변화를 통해 창의성을 장려하는 환경을 만들어야 합니다. 그렇게 할 때 우리는 다시금 일상 속에서 경이감을 느끼고, 창의적인 사고를 발휘하며, 행복하고 충만한 삶을 살아갈 수 있습니다.

새롭게 등장한 키워드, 호모 프롬프트

"이해가 안 되면 외워!"

제가 학창 시절 수업 시간에 종종 듣던 말입니다. 좀 엉뚱한 편이었던 저는 매번 '이 문제의 답은 왜 A가 아니라 C일까?'라고 생각하곤 했습니다. 고민하다가 질문하면 매번 하나하나 이해하려고 하면 끝도 없으니 일단 외우라는 충고를 받았습니다. 결국 문제와 씨름하다가 포기하고 암기했던 기억이 많습니다. 짧은 시간 안에 많은 양의 공부를 해서 좋은 시험 성적을 얻으려면 때로는 원리나 구조를 이해하기보다 넓은 범위의 지식을 효과적으로 빠르게 암기하는 것이 효율적이기 때문입니다.

엉뚱하고 호기심 많던 저는 이러한 교육 방식에 적응하지 못했고, 공부하고 시험 보는 과정이 늘 고통스러웠습니다. 학습 자체에 흥미를 느끼지 못하고 공부를 대학 입시와 일자리를 구하기 위한 도구로만 여겼습니다. 제 경험처럼 우리 교육은 탐구나 호기심보다는 빠르게 정답을 찾는 데 초점이 맞춰져 있기 때문에, 학생들은 공부 그 자체를 통해 내적으로 성장하기보다는 시험을 잘 보는 기술자처럼 훈련을 받아 왔습니다. 하지만 생성형 인공지능의 등장으로 이러한 양상에 변화가 생겼습니다.

최근 인공지능 시대에 '호모 프롬프트Homo Promptus'라는 용어가 키워드로 부상하고 있습니다. 인간이 인공지능 시스템과 상호작용하면서 마치 컴퓨터나 스마트폰에 명령어Prompt를 입력하듯이, 필요한 정보를 얻고 문제를 해결하는 능력을 나타내는 말입니다. 즉, 호모 프롬프트는 인공지능과의 상호작용을 통해 능력을 확장하고, 지식과 정보의 접근성을 극대화하는 새로운 인간을 지칭하는 개념입니다.[11]

인공지능은 방대한 데이터를 분석하고, 필요한 정보를 빠르게 제공함으로써 인간의 지적 능력을 확장합니다. 데이터 분석과 예측 모델링을 통해 복잡한 문제에 대한 의사결정을 지원합니다. 이는 호모 프롬프트 시대를 대표하는 특징입니다. 과거에는 '검색'을 통해 지식을 얻고 이를 통해 유의미한 정보를 조합하는 역량이 중요했지만, 이제는 검색하지 않아도 지식을 엮어 의미를 만드는 작업을 챗GPT와 같은 인공지능이 대신해 줍니다. 따라서 이러한 시대에는 인공지능에 어떤 질문을 어떻게 하느냐에 따라 최종 결과물의 질이 달라집니다.

인공지능은 방대한 양의 데이터를 처리할 수 있지만, 그 데이터에서 유용한 정보를 추출하기 위해서는 '적절한 질문'이 필요합니다. 좋은 질문은 인공지능이 올바른 방향으로 데이터를 분석하고, 관련된 정보를 제공하도록 돕습니다. 인공지능이 더 정확하고 유용한 답변을 제공하기 위해서는 명확하고 구체적인 질문이 필수적입니다. 모호하거나 부정확한 질문은 잘못된 또는 불완전한 정보를 만들어 낼 수 있기 때문입니다.

따라서 인공지능 시대에는 데이터를 비판적으로 읽고 올바른 질문을 하는 능력이 무척 중요합니다. 올바른 질문은 인공지능이 데이터를 효율적으로 분석하고 정확한 답변을 제공하게 하며, 비판적 사고를 통해 결과를 검토하고 혁신을 촉진하며, 효과적으로 문제를 해결할 수 있게 합니다. 이러한 능력을 갖춘 사람들이 인공지능의 잠재력을 최대한으로 활용할 수 있습니다. 즉, 답변을 너무나 잘하는 생성형 인공지능이 발전하고 있는 지금, 인간에게 요구되는 능력은 다름 아닌 '질문력'입니다.

호기심 넘치는 인재, 원더 시커

좋은 질문은 호기심이 있어야 가능합니다. 호기심과 관심이 생겨야 대상에 대한 탐구로 이어지고, 순차적으로 질문이 생깁니다. 하지만 우리가 해온 그간의 교육은 세상에 대한 호기심이나 관심을 키우게 하는 방향이 아니었습니다. 사회적 기대에 부응하는 성공을 위해 학력만을 강요하는 교육이었습니다. 정해진 범위의 지식을 효과적으로 암기하고 이를 통해 시험에서 좋은 성적을 얻기 위해 노력하는 방식이었습니다. 이런 교육은 '타인과 유사한 정답을 도출하는' 사람들을 양성합니다. 이런 교육을 받은 사람들에게 창의적이고 비판적인 질문을 기대한다는 것은 거의 불가능한 일입니다.[12]

인공지능이 기술과 지식으로 인간을 압도하고 심지어 정답을 내주는 시대가 다가왔습니다. 이제는 단순히 주어진 문제를 해결하는 능력을 넘어서 새로운 문제를 발견하고, 그 문제를 해결하기 위한 날카로운 질문을 던질 수 있는 능력이 필요합니다. 좋은 질문을 할 수 있는 핵심 원료는 '호기심과 경이감'입니다. 세상에서 가장 혁신적인 인물로 꼽히는 일론 머스크도 SF 작가 아서 클라크Arthur Clarke의 "충분히 발전된 기술은 마법과 구별할 수 없다."라는 말을 자주 소개하며 호기심과 창의성의 중요성을 강조합니다.

창의적 질문의 요체는 대상에 대한 애정과 관심입니다. 경이감과 호기심을 바탕으로 새로운 발견과 배움에 끊임없이 열정을 가지는 사람들, 일상에서도 경이로움을 찾아내며 끊임없이 자기 성장을 추구하는 이들이야말로 인공지능 시대의 창의적 인재라 할 수 있습니다. 인공지능으로 대표되는 호모 프롬프트 시대에 가장 대체 불가한 유형입니다. 이렇게 경이감을 쉽게 느끼고 이를 통해 창의적이고 비판적인 질문을 던질 줄 아는 사람을 '원더 시커Wonder-Seeker'라고 부릅니다. 퍼지의 대표적인 유형인 원더 시커는 '호기심과 경이감을 통한 탐구자'라는 뜻을 가진 표현으로 끊임없이 새로운 지식과 경험을 찾아냅니다.

경이감과 호기심은 우리의 사고와 상상력을 자극하여 새로운 관점을 열어 줍니다. 이는 창의적 사고를 촉진하고, 문제 해결 능력을 비약적으로 향상시키는 데 중요한 역할을 합니다. 경이감은 내면의 창의성을 일깨워 다채로운 방식으로 표현할 수 있도록 도와줍니다. '원더 시커'는 이러한 변화를 빠르게 수용하고, 새로운 기술과 지식을 배우는 데 주저하지 않습니다. 이들은 지속적으로 자신의 역량을 발전시키고, 복잡한 문제들을 창의적으로 해결하는 데 능숙합니다. 특히 인공지능 시대에는 예측하기 어려운 문제들이 자주 발생하기 때문에, 원더 시커의 창의적 문제 해결 능력은 더욱 가치가 커집니다.

원더 시커가 중요한 이유는 호기심을 통해 혁신적인 아이디어를 창출하는 데 탁월하기 때문입니다. 이들은 인공지능과 인간의 협력에서 새로운 가능성을 발견하고, 이를 바탕으로 혁신적인 제품과 서비스를 개발하여 기업과 사회의 발전에 기여합니다. 또한 개방적이고 협력적인 자세로 팀 내 긍정적인 관계를 형성하며, 효율적인 협업을 촉진합니다. 이는 조직 내에서 창의적인 아이디어를 공유하고 함께 문제를 해결하는 데 큰 도움을 줍니다. 이들은 자연, 예술, 인간관계 등에서 깊은 경이감을 느끼며, 이를 통해 삶의 의미와 가치를 탐구하고, 그 경험을 창의성과 혁신적 사고로 전환합니다. 역사상 가장 창의적이고 혁신적인 인물로 손꼽히는 레오나르도 다 빈치 역시 아이 같은 경이감과 호기심 유지를 무엇보다 소중하게 여겼습니다.[13]

인공지능 시대는 호기심 많은 원더 시커의 시대입니다. 호기심은 우리를 즐겁게 하고, 경이로운 세계로 이끌어 숨겨진 세계를 탐구하게 만듭니다. 그 결과 우리의 상상력은 현실이 됩니다. 즉, 호기심은 많은 것을 성취하게 만드는 중요한 동력입니다. 호기심에 이끌려 우리는 끊임없이 질문하고 발견하며 새로운 것을 창조합니다. 따라서 중요한 것은 질문을 멈추지 않는 호기심 넘치는 '퍼지적 삶의 태도'입니다. 이 태도가 바로 좋은 질문을 할 수 있는 원동력입니다.

경계를 넘나들 수 있는가?

저는 여러 다른 모델을 사용합니다.
그리고 내가 그 모델들을 사용하는 이유는 현실의 세계가
그렇게 구성되어 있기 때문입니다.
세상은 하나의 학문으로만 이해될 수 있는 그런 단순한 곳이 아닙니다.

- 찰리 멍거(버크셔 해서웨이의 부회장)

세계 최고의 부자를 만든 사고방식

2023년, 크리스마스를 한 달가량 앞두고 한 사람의 별세 소식이 전 세계에 알려졌습니다. 11월 28일 99세의 나이로 세상을 떠난 그는 역사상 가장 성공적인 금융 투자자로 꼽히는 사람입니다. 세계적인 투자자 워런 버핏조차 그가 없었다면 오늘날의 자신은 존재하지 않았을 것이라고 말하기도 했습니다. 그는 버핏과 함께 버크셔 해서웨이라는 기업의 가치를 수천만 달러 수준에서 약 7,850억 달러로 성장시켰고, 그 자신도 세계에서 가장 부유한 사람 중 한 명이 되었습니다.

그는 바로 전설적인 투자자 찰스 멍거Charles Munger입니다. 찰리 멍거로도 잘 알려진 그는 투자의 거장이자 워런 버핏의 오랜 파트너로서 버크셔 해서웨이를 이끌며 수많은 투자 성공 사례를 만들어 냈습니다. 멍거는 현대 투자 역사에서 가장 독창적이고 영향력 있는 인물 중 하나로 평가받습니다. 그는 단순히 투자 성공의 아이콘을 넘어 그만의 독특한 '격자틀 사고방식Lattice Work of Mental Models'으로 투자자들에게 많은 지혜를 주었습니다.

이 방식은 다양한 학문 분야의 핵심 이론들을 연결하고 융합하는 사고의 틀을 제공합니다. 그는 투자를 위해 여러 다른 모델을 함께 사용했습니다. 그리고 복수의 모델을 사용하는 이유는 현실의 세계가 그렇게 구성되어 있기 때문이라고 설명했습니다. 그에 따르면 세상은 하나의 학문으로만 이해될 수 있는 그런 단순한 곳이 아닙니다.[14] 여러 분야를 제대로 이해하고 복합적인 문제를 해결하기 위해 몇 가지 분야만 탐구해서는 심각한 오류에 빠질 수 있습니다. 그래서 여러 지식 체계를 통섭적으로 이해하고 통찰할 때 비로소 우리는 세상에 대한 올바른 이해에 가까워질 수 있습니다. 본래 근대 이전에는 학문의 경계라는 것이 따로 존재하지 않았습니다. 현대 학문의 분화는 학자들이 만든 인공물일 뿐 실제 세계의 반영이 아니라고 할 수 있습니다. 따라서 본래 학문의 의미는 '통섭統攝'이라는 것입니다.[15]

　멍거의 융합적 사고방식은 투자뿐만 아니라 다양한 학문 분야에서도 문제 해결과 의사결정에 혁신적인 도구로 활용됩니다. 이는 그가 남긴 가장 중요한 지적 유산 중 하나로, 오늘날 복잡한 사회 문제를 해결하는 데 매우 유용한 접근법으로 평가받고 있습니다. 그의 사고방식은 투자자, 정책 입안자, 교육자, 사업가들에게 깊은 영감을 주며 문제를 효과적으로 분석하고 해결할 수 있는 통찰력을 제공합니다.

　멍거의 성공은 단순히 재능이나 운에 의한 것이 아니라, 독특한 투자 철학과 깊이 있는 학문적 이해에 기초한 결과입니다. 특히 그의 '다학문적 접근법Multidisciplinary approach'은 그가 세계적인 투자자로 자리매김하는 데 중요한 역할을 했습니다. 그는 '다양한 도구를 가진 사람이 세상을 더 잘 이해한다'는 신념을 바탕으로 경제학, 심리학, 생물학, 역사학 등 여러 학문을 통합적으로 이해하고 이를 실천에 옮겼습니다. 이러한 통합적 사고는 단순한 지식 습득을 넘어서 정보 간의 연관성과 패턴을 파악하여 창의적인 해결책을 도출하는 능력을 키우는 데 중요한 역할을 했습니다.

예를 들어, 심리학에서 배운 인간의 인지 편향을 경제학의 시장 변동 분석에 적용하는 식으로 멍거는 깊이 있는 통찰을 반영하며 투자를 결정해 왔습니다. 이러한 다학문적 접근은 그가 복잡한 투자 환경에서도 유리한 결정을 내릴 수 있도록 도왔습니다. 그의 방식은 단순한 투자 이론을 넘어 심리학, 경제, 기술 발전 등 다양한 요소를 종합적으로 고려하고, 이를 통해 전체적인 그림을 보다 명확하게 파악할 수 있게 했습니다.

인공지능 시대에 데이터의 양과 복잡성이 폭발적으로 증가함에 따라 멍거의 격자틀 모형은 더욱 중요한 역할을 합니다. 인공지능 시스템이 방대한 데이터를 처리하고 패턴을 학습하는 능력을 갖췄지만, 여전히 인간의 독창적인 통찰력과 창의적인 문제

해결 능력이 필수적입니다. 격자틀 모형은 여러 학문의 원리를 통합하여 인공지능이 놓치는 패턴이나 관계를 발견하게 하고, 더 정확하고 지혜로운 결정을 내릴 수 있게 이끌어 줍니다.

이러한 맥락에서 다양한 학문을 습득하는 것은 더욱 중요해졌습니다. 세부적인 전문 지식은 인공지능의 도움을 받을 수 있지만, 인간은 이를 넘어서 학문 간의 교차점을 이해하고 새로운 통찰을 얻을 수 있는 능력이 필요합니다. 그래서 심리학과 언어학이 결합한 인지과학, 철학과 공학이 만난 디자인 윤리학, 문학과 컴퓨터가 융합된 서사 과학 등 다양한 융합 학문이 각광을 받고 있습니다.

결국 인공지능 시대에는 멍거의 융합적 학습법이 복잡한 사회 문제를 해결하는 데 중요한 도구가 됩니다. 이는 보다 넓은 시각으로 문제를 바라보게 하고, 전체적인 맥락 속에서 세상을 더 깊이 있게 이해할 수 있도록 합니다.

수많은 실리콘밸리 인재를 배출한 이곳은 무엇을 가르칠까?

"이곳의 전공자들은 세계에서 가장 재능 있는 사람들이다."[16]
메타의 CEO이자 SNS 혁신을 주도한 마크 저커버그가 이 학과 출신들을 높이 평가한 바 있습니다. 그가 언급한 이 학과는 바로 스탠퍼드 대학교의 상징체계Symbolic systems학과입니다. 이름만 들어서는 무엇을 배우는지 직관적으로 알기 어려워, 학과 홈페이지에서조차 이를 염두에 두고 여러 차례 설명을 제공할 정도입니다.

상징체계학과는 인지과학, 컴퓨터과학, 언어학, 심리학, 철학을 융합적으로 연구하는 학문 분야입니다. 1986년 스탠퍼드 대학교의 언어정보연구센터CSLI에서 시작된 이 프로그램은 다양한 학문을 통합해 학생들이 문제를 다각도로 분석하고 창의적으로 해결할 수 있도록 설계되었습니다. 초기에는 철학과 인지과학이 중심이었지만, 실리콘밸리의 급성장과 함께 컴퓨터과학과의 연계가 강화되어 오늘날까지 이어지고 있습니다.[17]

이 학과는 주로 인간과 기계가 정보를 처리하는 방식과 그 정보를 상징체계로 표현하고 해석하는 과정을 연구합니다. 상징체계학은 인간의 생각이 기계학습, 인공지능, 자연어 처리NLP 같은 분야에 응용되는 것을 목표로 합니다. 주요 연구 분야에는 인간의 인지 과정을 다루는 인지과학, 인공지능의 알고리즘과 기계학습, 컴퓨터과학, 언어의 구조와 의미를 연구하는 언어학 그리고 인간의 행동과 마음을 연구하는 심리학 등이 포함됩니다. 또한 통계학, 수학, 철학 같은 다양한 과목도 함께 배우는데, 이는 현대 사회의 복잡한 기술 시스템을 이해하고 문제를 해결하기 위해서는 기술과 인문학적 지식을 모두 알아야 하기 때문입니다. 이 학과는 전통적인 학문 영역의 경계를 넘어서 다방면의 지식을 통합하는 방식으로 교육합니다.

특히 자연어 처리는 AI에서 중요한 부분으로, 언어학과 컴퓨터과학의 결합이 필요합니다. 상징체계학은 언어의 구조와 의미를 분석해, AI가 인간의 언어를 더 정확하게 이해하고 처리할 수 있도록 돕습니다.[18]

이 학과는 실리콘밸리의 뛰어난 인재들을 많이 배출한 곳으로 알려져 있습니다. 실리콘밸리의 혁신적인 기업들은 복잡한 문제를 해결하기 위해 다양한 학문적 배경을 가진 인재들을 선호합니다. 상징체계학은 기술적 지식(컴퓨터과학, 인공지능 등)과 인문학적 통찰(언어학, 심리학 등)을 결합하여 아이디어를 바탕으로 제품을 개발합니다. 이러한 배경을 가진 인재들은 기술의 인간적 측면을 이해하고, 사용자 중심의 혁신을 이루는 데 강점을 보입니다. 이 학과를 졸업한 대표적인 인물들의 면모를 보면 다음과 같습니다.

실리콘밸리에서 성공을 거둔 대표적인 상징체계학 전공자로는 링크드인의 공동 창립자 리드 호프만Reid Hoffman이 있습니다. 스탠퍼드 대학교에서 상징체계를 전공한 그는 옥스퍼드 대학교에서 철학 석사를 마친 후, 실험적 접근과 네트워크 효과에 대한 깊은 이해를 바탕으로 기업가로서 큰 성과를 이루어 냈습니다. 그는 상징체계학을 전공한 인물 중 가장 성공한 사례로 손꼽힙니다.

구글의 첫 여성 엔지니어이자 20번째 직원이었던 매리사 메이어Marissa Mayer도 스탠퍼드 대학교에서 상징체계학 학사를 취득한 후 컴퓨터과학 석사 학위를 받았습니다. 메이어는 사용자 경험을 최우선으로 생각하며 구글 검색 페이지의 단순하고 직관적인 디자인을 설계하여 구글의 성공에 큰 기여를 했습니다. 이후 야후의 CEO로 취임하여 기업의 성장에 중대한 역할을 했습니다.

또한 인스타그램 공동 창립자인 마이크 크리거Mike Krieger 역시 상징체계학 전공자입니다. 그는 기술적 능력과 예술적 감각을 결합해 인스타그램의 독창적인 디자인과 사용자 경험을 만들어 냈으며, 플랫폼을 성공적으로 성장시킨 후 페이스북에 인수되는 과정을 이끌었습니다. 현재 그는 인공지능 공익 기업인 앤트로픽Anthropic에서 최고제품책임자로 활동하고 있습니다.

이처럼 상징체계학 전공자들이 실리콘밸리에서 두각을 드러내는 이유는 융합적 사고, 기술과 인문학의 결합, 창의적 문제 해결 능력, 학제적 협업 능력 덕분입니다. 이러한 특성들은 혁신적이고 역동적인 실리콘밸리의 환경에서 큰 강점으로 작용하며, 그들의 성공을 이끄는 원동력이 됩니다.

넓게 볼 줄 아는 통섭형 인재, 폴리매스

'퍼지'를 그저 인문학 전공자 혹은 인문학 소양이 뛰어난 사람이라고 좁은 의미로 해석해서는 안 됩니다. 스티브 잡스는 기술과 인문학의 교차점을 혁신의 비결로 꼽았습니다. 그가 말한 인문학은 '리버럴 아츠Liberal Arts'입니다. 이는 인류가 갖춰야 할 기본적인 교양을 뜻합니다. 현대의 리버럴 아츠는 인문학, 자연과학, 사회과학, 예술 등 다양한 분야를 포함합니다.

'인문학적 감각'이란 리버럴 아츠를 공부하고 그 내용을 실제 현장에 적용하는 능력을 의미합니다. 인공지능과 같은 첨단기술은 테키와 퍼지의 결합이 이루어질 때 매우 의미 있는 결과물이 나올 수 있습니다. 그래서 '퍼지'는 인문학과 사회과학을 전공한 사람만이 될 수 있는 것이 아니라, 기술과 인본주의를 함께 융합해서 이해할 수 있는 사람이 될 수 있습니다. 따라서 과학, 기술, 공학, 수학을 전공하는 이들에게도 인문학적 능력을 개발할 기회가 필요하고 문학, 철학, 역사를 공부하는 이들에게는 기술적 능력을 개발할 기회가 필요합니다. 가장 이상적인 것은 앞서 살펴본 상징체계학과에서처럼 구분 없이 경계를 넘나들며 함께 학습하는 것입니다.

현대 사회는 인공지능의 급격한 발전으로 인해 특정 분야에 깊이 있게 전문화된 지식인뿐만 아니라, 다양한 경험과 폭넓은 시각을 가진 제너럴리스트가 필요합니다. '제너럴리스트'는 다양한 분야에서 경험을 쌓고 이를 바탕으로 창의적이고 혁신적인 해결책을 제시할 수 있는 유형의 사람입니다.[19]

제너럴리스트를 또 다르게 표현하는 용어가 있습니다. 바로 '폴리매스Polymath'입니다. 이는 '퍼지'의 또 다른 대표적인 특징입니다. 폴리매스는 여러 학문 분야에서 광범위한 지식과 전문성을 갖춘 사람을 의미합니다. 이 용어는 원래 '박식한 사람'을 뜻하는 그리스어에서 유래했으며, 다양한 주제에 대한 깊은 이해와 창의력을 바탕으로 여러 분야에서 혁신을 선도하는 사람들을 지칭합니다. 폴리매스는 단순히 여러 분야에 관심을 두는 정도를 넘어, 각 분야에서 실제로 탁월한 성과를 이루어 내는 사람들입니다. 무엇보다 이들은 다양한 분야를 넘나들며 경계를 허물고, 연결을 통해 창의성을 이끌며, 총체적 사고와 방법론을 사

용하여 시대를 이끌어 가는 사람입니다.[20]

고대 그리스 시대부터 중세 말까지 '모든 것'을 아는 '만능인'을 이상적으로 여겼습니다. 그래서 폴리매스를 학문적인 이상으로 꿈꾸기도 했습니다. 인공지능 시대가 되면서 지식의 유효기간은 점차 짧아지고 있고, 한 분야를 깊게 이해하는 것도 매우 어려워지고 있습니다. 동시에 복잡하고 다양한 문제가 발생하여 이에 대한 각각의 해결책이 달라져야 하는 세상에서 모든 것을 연결할 수 있는 폴리매스의 가치가 다시 부상하고 있습니다.[21]

역사 속 대표적인 폴리매스로는 레오나르도 다 빈치, 마리 퀴리, 벤자민 프랭클린을 꼽을 수 있습니다. 레오나르도 다 빈치는 예술, 과학, 공학 등의 분야에서 탁월한 능력을 보인 인물로, 그의 다방면에 걸친 연구와 발명은 오늘날에도 많은 영감을 줍니다. 그는 화가, 시인, 공학자, 물리학자이자 해부학자, 지질학자 등 11개의 직업을 가진 전형적인 르네상스형 인물로 평가됩니다.[22]

또 한 명의 유명한 폴리매스는 마리 퀴리입니다. 퀴리는 노벨 물리학상과 화학상을 동시에 받은 여성 최초의 노벨상 수상자입니다. 그녀는 방사능 연구로 유명하며, 라듐과 폴로늄이라는 두 개의 새로운 원소를 발견했습니다. 퀴리는 화학 분야에서도 혁신적인 연구를 통해 라듐과 폴로늄의 성질과 분리 방법에 대한 성과를 이루었고, 그녀의 연구는 다양한 응용 분야를 열었습니다.

마지막으로 벤저민 프랭클린입니다. 그는 피뢰침을 발명했으며 전기 용량의 단위인 '프랭클린'도 그의 이름에서 따왔습니다. 동시에 언론인, 출판인으로서 많은 저서를 남겼고, 정치와 외교 분야에서도 활약했습니다. 미국 독립 선언문과 헌법 작성에도 참여하며 미국 건국에 중요한 역할을 했습니다.

인공지능은 특정 작업을 빠르고 정확하게 처리할 수 있지만, 복잡한 문제를 창의적으로 해결하는 능력은 여전히 인간에게 의존합니다. 특히 다양한 지식과 경험을 가진 폴리매스는 인공지능과 협력하여 더욱 혁신적이고 탁월한 결과를 도출할 수 있습니다. 빠르게 변화하는 기술 환경 속에서 최신 정보를 지속적으로 학습하고 적용하는 능력이 요구되며, 폴리매스는 여러 분야에서 경험을 쌓아 이러한 적응력을 키울 수 있습니다.

찰스 퍼시 스노Charles Percy Snow는 그의 저서 『두 문화The Two Cultures』에서 과학과 인문학의 충돌 지점에서 창의적 기회가 생긴다고 강조했습니다. 사실, 퍼지와 테키의 구분도 그가 지적한 현대 사회의 '단절' 문제를 반영합니다. 물론 한 분야에서 전문성을 쌓은 후 다른 분야로 넘어가는 것은 매우 어려운 일입니다. 새로운 분야에서는 다시 초심자가 되어야 하기 때문입니다. 그러나 폴리매스로 나아가기 위해서는 이 초심자의 자세를 받아들이고, 용기를 가지고 도전해야 합니다. 이렇게 다양한 아이디어를 연결하고 새로운 방식으로 문제를 접근할 때 창의성이 발현되며, 이는 인공지능이 가장 어려워하는 영역입니다.

인공지능 시대에 폴리매스적 접근은 창의성, 문제 해결 능력, 그리고 변화하는 교육 및 직업 구조에서 중요한 역할을 합니다. 다양한 지식과 경험을 결합하여 창의적이고 혁신적인 해결책을 제시하는 폴리매스는 대체 불가한 인재로 자리 잡고 있으며, 이들의 능력은 빠르게 변화하는 직무 환경에서 더욱 빛을 발하고 있습니다.

세상과 깊게
교감할 수 있는가?

기술이 우리의 인간성을 증대시키고 더 나은 세상을 만드는 도구로 사용될 때,
진정한 혁신이 이루어진다.

– 마크 베니오프(세일즈포스 CEO)

사랑이 사라져 가는 시대

"가끔은 내가 느낄 수 있는 모든 감정을 이미 다 느껴 버린 것
같아. 이제부터는 새로운 감정을 느낄 수 없을 거야. 그저 내가
이미 느꼈던 감정의 희미한 버전들만 느끼겠지."

영화 〈HER〉에 나오는 대사입니다. 〈HER〉는 인간과 인공지능
사이의 감정적 관계를 탐구하는 SF 영화입니다. 주인공 테오도
르는 인공지능 사만다와의 관계를 통해 감정적 만족을 얻지만,
결국 이는 인간과의 관계에서 느낄 수 있는 깊은 감정과는 다르

다는 것을 깨닫습니다. 위 대사는 감정의 무뎌짐과 일상화된 삶 속에서 강렬한 감정을 느끼기 어려운 현대인의 심리를 표현합니다. 영화 속 배경과 인물들은 인공지능 시대에 인간의 감정이 무뎌지고 사랑이 사라진 시대상을 반영하고 있습니다.

현대인은 급변하는 정보와 기술의 홍수 속에서 살아가고 있습니다. 새로운 기술과 경험이 일상화되면서 신선한 감정적 자극을 받기 어려워졌습니다. 디지털 기기와 소셜 미디어의 발달로 언제 어디서나 연결될 수 있지만, 역설적으로 고립감은 더욱 커지고 있습니다. 영화 속 테오도르는 인공지능과의 관계를 통해 이러한 고립감을 극복하려 하지만, 결국 인간과의 관계에서 느낄 수 있는 깊은 감정을 대체하지 못한다는 것을 깨닫습니다. 이는 현대인이 디지털 상호작용에 의존하면서도 진정한 인간관계의 결핍을 느끼는 상황을 보여 줍니다.

이 상황을 설명하는 데 유용한 이론 중 하나가 '결핍의 덫'입니다. 이 심리 이론은 인간의 기본적인 욕구가 충족되지 않을 때, 심리적 및 행동적 문제가 발생할 수 있음을 강조합니다. 필수 자원이 충분하지 않은 환경에서는 끊임없는 투쟁이 벌어지며, 이러한 결핍 상태는 우리의 마음을 조급하게 만들고 내면의 평화를 해칩니다. 이 악순환은 점점 더 확산하며 반복되는데, 이는 오

늘날 많은 현대인이 겪는 공통된 심리적 현상입니다.[23]

인공지능의 발전은 경제적 불안정을 초래할 수 있으며, 개인의 생계를 위협하고 안전한 생활 환경에 영향을 미칩니다. 결핍 상태에 있는 사람들은 자원의 부족으로 인해 시야가 좁아지고, 즉각적인 문제 해결에만 집중하게 됩니다. 결핍은 마음의 여유, 배려, 사랑을 빼앗아 가고 또 다른 결핍을 낳습니다.

디지털 기술의 발전은 인간 간의 실제 접촉을 줄여 개인이 사회적 소속감을 느끼기 어렵게 만들고, 외로움이나 소외감을 초래합니다. 자동화와 기술 변화로 인한 직업 상실이나 역할 변화는 개인의 자존감과 사회적 인정을 낮춥니다. 기본적인 욕구가 충족되지 않으면 개인이 자신의 잠재력을 실현하고 창의적이며 의미 있는 활동에 참여하기 어렵습니다.

죽음과 파괴의 네크로필리아

인공지능 시대가 도래하면서 인간의 일상과 존재 방식은 근본적으로 변화하고 있습니다. 이러한 존재론적 변화를 뛰어난 통찰로 분석한 인물 중 하나가 에리히 프롬Erich Fromm입니다. 프롬은 '네크로필리아Necrophilia'를 통해 세계가 인간 중심에서 기술·

정보 중심으로 전환되며 나타나는 다양한 인간 소외 현상을 비판합니다.[24]

에리히 프롬은 『인간의 마음』에서 인간 본성의 양면성을 탐구하며, 인간은 선과 악, 사랑과 증오의 두 가지 측면을 동시에 지니고 있다고 주장합니다. 그는 특히 네크로필리아와 바이오필리아Biophilia, 즉 죽음에 대한 사랑과 삶에 대한 사랑을 비교하면서 개인과 사회의 병리적 행동과 구조를 설명합니다. 프롬은 네크로필리아를 문자 그대로 '죽음을 사랑하는'이라는 의미가 아닌, 삶에 대한 열정과 사랑이 결여된 상태로 정의하며 이를 죽음, 파괴, 분해 그리고 기계적인 것들에 대한 애착으로 해석합니다.

프롬의 네크로필리아 개념은 현대 사회에서 기술이 인간의 본질과 정서에 미치는 부정적 영향을 비판적으로 조명하는 데 유용합니다. 프롬은 기술 중심 사회에서 네크로필리아적 성향이 강화된다고 보았습니다. 따라서 인공지능 기술의 확산은 이러한 경향을 더욱 가속화한다고 할 수 있습니다. 기술적 효율성이 모든 결정의 중심에 서게 되는 사회에서는 개인의 창의적 잠재력이 억압되고, 표준화된 해결책이 우선시되며, 이는 인간의 다양성과 독창성을 떨어뜨립니다. 결과적으로 사회는 문화적 획일화와 더불어 인간의 내면적 성찰과 창의적 발현을 제한하게 됩니다.

기술 중심적 사회에서 인간관계도 점점 기계적이고 계산적인 형태로 변모합니다. 디지털 통신 수단의 발전으로 대면 소통이 줄어들고 온라인 상호작용이 늘어나지만, 이는 표면적이고 감정적 깊이가 결여된 소통을 낳습니다. 사람들은 물리적으로 연결된 것처럼 보이지만, 정서적으로는 고립된 상태에 놓여 고독감과 소외감을 겪습니다.

마르틴 하이데거Martin Heidegger 역시 기술 중심적 사유의 확산을 근본적으로 비판합니다. 하이데거는 기술을 단순한 도구가 아닌 인간 존재 방식을 변화시키는 '존재의 개시'로 보고, 이를 통해 세계를 경험하는 방식을 근본적으로 변화시킨다고 주장합니다. 그는 기술적 사유가 네크로필리아적 경향, 즉 죽음과 기계적인 것에 대한 집착을 강화할 수 있다고 경고하며, 기술이 인간을 단순한 자원으로 전락시키는 문제를 제기합니다. 인공지능의 발전은 이와 같은 경향을 더욱 가속화하여 인간의 자율성과 주체성을 약화시키고, 점차 기술에 의존하는 삶을 일상화합니다.

심리학자 셰리 터클Sherry Turkle 또한 디지털 기술이 인간 정체성과 상호작용에 미치는 영향을 분석하며, 이러한 논의를 심리학적 관점에서 구체화합니다. 터클은 인공지능과 로봇 기술이 인간관계에 미치는 변화를 탐구하며, 기술에 기반한 연결고리가 오히려 고립감을 증가시킬 수 있다고 주장합니다. 기술이 제공하는 표면적인 효율성과 연결이 실제로는 인간의 정서적 유대감과 창의적 능력을 저해할 수 있다는 것입니다.

따라서 기술 발전이 가져오는 편리함 이면에 인간의 정서와 사회적 관계가 희생될 위험이 존재하며, 이는 현대 사회에서 중요한 경고로 작용합니다.[25]

네크로필리아적 경향과 기술적 사유의 결합은 인공지능 시대에 인간성을 유지하고 강화하는 것이 얼마나 중요한지를 보여줍니다. 그래서 인공지능 시대에는 무엇보다 감정과 인간성에 대한 깊은 통찰이 중요합니다. 기술이 발전함에 따라 감정의 복잡성과 깊이를 잃어버리는 영화 〈HER〉 속의 테오도르에게서 우리는 자신의 모습을 발견할 수 있습니다.

인간성 회복의 바이오필리아

인공지능과 같은 높은 수준의 기술이 발달한 시대에는 인간 본연의 가치를 잊지 않고 유지하는 것이 중요합니다. 바이오필리아 개념은 이러한 맥락에서 중요한 역할을 합니다. 바이오필리아는 인간의 생명을 사랑하는 본능이며, 이는 인간성 회복과 지속 가능한 발전을 위한 핵심 요소로 작용할 수 있습니다.

바이오필리아는 생명을 뜻하는 '바이오Bio'와 사랑을 뜻하는 '필리아Philia'가 결합된 용어로, 생명과 자연에 대한 깊은 애착과 사랑을 나타냅니다. 에드워드 윌슨Edward Wilson은 이 개념을 저서 『바이오필리아』에서 처음 소개하며, 인간이 생명체와 자연을 본능적으로 선호한다고 주장했습니다. 이는 단순히 감성적 만족을 넘어 생물학적 필요와 깊은 관련이 있습니다. 다양한 연구에서 자연과의 교감이 스트레스 감소, 정신 건강 향상 그리고 전반적인 행복감 증진에 도움을 준다는 것이 밝혀졌습니다.

에리히 프롬은 자본과 기술에 의해 변화하는 현대 사회 속에서 인간의 자유와 사랑 등의 심리적 원인과 결과에 대해 연구했습니다. 그는 바이오필리아를 생명을 사랑하는 인간의 기본적인 성격 지향으로 정의했습니다. 단순히 자연을 사랑하는 것을 넘어서 생명을 존중하고 사랑하며 연대감과 조화를 통한 성장과 발전을 도모하는 인간의 능력으로 보았습니다. 프롬은 네크로필리아적 경향, 즉 죽음과 파괴를 선호하는 성향에 대항하기 위해 바이오필리아의 중요성을 강조했습니다.[26]

인간은 자연과의 깊은 교감을 통해 삶의 의미를 발견하고, 타인과의 진정한 관계 속에서 정서적 일체감을 경험할 수 있습니다. 이러한 경험은 인간이 직면할 수 있는 기술적 도전에 맞서 자신의 인간성을 지키고, 풍부하고 의미 있는 삶을 구축하는 데 중요한 역할을 합니다. 인공지능과 기술의 시대에 바이오필리아는 단순히 자연을 사랑하는 것 이상의 의미를 지니며, 인간의 정체성과 발전에 근본적인 도움을 줍니다. 기술이 지배하는 현대 사회에서 인간의 창조적 능력과 자연의 본질적 가치를 재확인하는 것은 우리가 직면한 환경적·윤리적 도전에 대응하는 데 필수이기 때문입니다.

세상과 교감하는 인재, 바이오필로소퍼

인공지능의 발전은 많은 윤리적 딜레마를 동반합니다. 예를 들어, 인공지능 기술의 발전은 데이터 수집과 분석 능력을 극대화하여 인간의 프라이버시와 존엄성에 심각한 위협을 가하는 동시에, 자율적으로 결정을 내리는 인공지능이 비윤리적인 결과를 초래할 때 그 책임을 어떻게 물을 수 있는지에 대한 문제를 제기합니다. 이러한 윤리적 문제들은 단순히 기술적 해결책을 요구하는 것이 아니라, 인간 존재에 대한 근본적인 질문을 던지며 인문학적 성찰을 요구합니다. 프라이버시, 편향성, 책임성, 일자리 감소, 안전과 보안 같은 문제는 모두 인간의 존엄성과 주체성, 그리고 사회적 공정성과 깊은 관련이 있으며 인공지능 기술을 올바르게 활용하려면 우리는 이러한 윤리적 문제를 진지하게 고민하고 해결책을 모색해야 합니다. 특히 기업들의 윤리적 책임에 대한 요구도 점차 커지고 있습니다. 인공지능과 같은 기술이 사회에 긍정적인 변화를 가져올 수 있는 도구로 활용될 때, 이를 통해 공공선을 추구하도록 통제하는 것이 중요한 시대가 되었습니다.

이런 시대적 상황에 맞게 인공지능 시대에 요구되는 새로운 인재상이 떠오릅니다. 바로 높은 윤리적 기준을 가지고 자신의 능력을 공동체와 지구 생명에 기여하는 방식의 삶을 사는 사람입니다. 이들이 바로 바이오필로소퍼Biophilosopher입니다. 이 용어는 '생명Bio'과 '철학자Philosopher'의 합성어로, 생명과 자연을 깊이 사랑하고 이를 통해 인간성과 윤리를 실천하는 사람들을 의미합니다. 바이오필로소퍼는 단순히 자연을 사랑하는 것을 넘어서 생명을 존중하고 사랑하며 타인과의 연대감과 조화를 통해 성장과 발전을 도모하는 능력이 있는 사람들입니다.

인공지능 시대에 바이오필로소퍼와 같은 유형의 사람들은 생명과 관련된 윤리적 고민을 통해 사회가 기술 발전을 올바르게 수용하고, 인간의 존엄성과 가치를 지키며 나아갈 수 있도록 하는 중요한 역할을 수행합니다. 이들은 인공지능 시대에도 인간다움을 유지하며, 윤리적이고 지속 가능한 사회를 구축하는 데 중요한 역할을 합니다. 인공지능 시대를 살아가기 위해서는 지속 가능한 방식으로 기술을 활용하고 단지 경제적 이득을 넘어 사회적·환경적으로 긍정적인 영향을 미치는지 고려하는 바이오 필로소퍼의 자세가 필요합니다. 이것이 인공지능이 대체하기 가장 어려운 존재인 퍼지형 인재의 또 다른 특징입니다.

2장

퍼지를
만드는
인문학적 감각

호모 센티언스의
시대가 온다

측정할 수 있는 것이 항상 가치 있는 것은 아니다.

– 트리시아 왕(사회학자)

세계적인 투자가는 왜 2,000억을
인문학 연구소에 기부했을까?

"저는 이 새로운 인문학 센터가 실현되었다는 사실이 매우 자랑스럽고 기쁩니다. 이 센터는 옥스퍼드의 학생들, 교수진, 지역사회에 중요한 역할을 할 것이며, 옥스퍼드가 21세기의 가장 시급한 문제들에 대응할 수 있도록 도울 것입니다."[27]

세계적인 투자가 스티븐 슈워츠먼Stephen Schwarzman 회장은 2019년 옥스퍼드 대학교에 1억 5천만 파운드(약 2억 달러)를 기부

하면서 위와 같은 말을 남겼습니다.

슈워츠먼 회장의 기부는 많은 사람의 이목을 끌었습니다. 이 기부는 옥스퍼드 대학교의 인문학 연구와 교육을 지원하는 데 쓰일 예정이며, 이는 역사상 인문학 분야를 위한 단일 기부 중에서도 최대 규모로 기록되었습니다. 그의 기부는 인문학의 중요성과 그 가치에 대한 인식을 크게 높였습니다.

스티븐 슈워츠먼 회장은 세계 최대의 사모펀드 회사인 블랙스톤 그룹The Blackstone Group의 공동 설립자이자 CEO입니다. 그는 1985년 블랙스톤을 설립한 이래, 회사의 모든 발전 단계에 깊이 관여해 왔습니다. 그의 경영 아래 블랙스톤은 세계에서 가장 영향력 있는 투자 회사 중 하나로 성장했습니다. 슈워츠먼은 그동안 활발한 자선가로서 교육, 문화, 예술 등 다양한 분야에 큰 기부를 해 왔습니다.

　슈워츠먼의 기부는 단순한 재정적 지원을 넘어, 인문학의 중요성을 재조명하고 그 가치를 사회에 알리는 데도 중요한 역할을 했습니다. 또한 인문학이 단순히 과거의 유산을 연구하는 것이 아니라, 현대 사회의 문제 해결과 발전에 커다란 역할을 한다는 점을 상기시켜 주는 계기가 되었습니다. 이는 우리가 기술 발전의 시대를 살면서 간과하기 쉬운 인간의 가치나 인간적 맥락의 이해를 돕는 인문학의 지속 가능한 발전을 역설적으로 증명했습니다. 따라서 이 기부는 다른 기업인과 고액 기부자들에게 인문학 분야에 대한 기부의 중요성을 인식시킨 사례입니다.[28]

　슈워츠먼은 과거 여러 연설과 인터뷰를 통해 인문학의 중요성을 강조해 왔습니다. 그는 비판적 사고와 창의적 문제 해결 능력이 현대 사회에서 매우 중요하다고 봅니다. 또한 윤리적 판단력과 도덕적 기준이 기업 경영과 사회적 리더십에서 필수적이라고 강조합니다. 인문학은 철학적 사유와 역사적 사례를 통해 윤리적 기준을 확립하고 도덕적 딜레마에 대한 이해를 돕습니다. 이는 기업이 사회적 책임을 다하고 지속 가능한 경영을 실천하는 데 중요한 역할을 합니다.

　그리고 글로벌화된 사회에서 문화적 이해와 협력도 매우 중요합니다. 슈워츠먼 회장은 인문학 교육이 다른 문화와 역사에 대한 이해를 높여 국제적인 협력과 상호 이해를 촉진한다고 믿습니다. 이는 국제 비즈니스에서 필수적인 덕목입니다. 서로 다른 배경을 가진 사람들이 협력할 때, 문화적 차이를 이해하고 존중하는 것이 성공의 열쇠가 됩니다.

그동안 인문학에서 연구하는 인간의 본성, 공동체, 사회 등 인간 집단의 다양한 측면이 다소 경시되어 왔습니다. 슈워츠먼은 인문학 공부가 자신의 사고방식을 넓히고 다양한 시각을 갖게 하는 데 큰 역할을 한다고 역설합니다.[29]

그에게 인문학은 이러한 능력을 함양하는 데 중요한 역할을 하는 학문입니다. 인문학을 통해 우리는 복잡한 문제를 다각도로 분석하고, 다양한 관점에서 생각하는 법을 배울 수 있습니다. 이는 기업을 경영하는 데도 큰 도움이 됩니다. 예를 들어 비즈니스 전략을 세울 때 단순히 수익만을 고려하는 것이 아니라, 사회적 영향과 윤리적 문제를 함께 고려하여 현명한 선택을 할 수 있게 합니다.

데이터 너머의 차이를 만드는 인문학

인공지능 시대는 논리력과 직관을 모두 활용해야 하는 시대입니다. 알파고와 이세돌의 대결은 인공지능이 인간을 뛰어넘을 수 있음을 보여 준 사건이지만, 이는 단순히 계산 능력만으로 이루어진 것이 아닙니다. 구글의 딥마인드DeepMind 팀은 알파고를 훈련하기 위해 논리력과 직관력을 결합하여 인간을 이길 수 있는 능력을 개발했습니다. 이러한 접근 방식은 인문학적 사고가 기술적 의사결정에 어떻게 작용할 수 있는지를 보여 줍니다.

이는 인공지능이 가진 능력과 다른 차별화된 인간 능력의 발현이 중요하다는 의미입니다. 그래서 인공지능 시대가 이성적인 사고 능력을 인간 본질로 보았던 호모 사피엔스의 시대에서 호모 센티언스Homo Sentience로 전환되고 있다고 말하는 의견이 있습니다. 호모 센티언스는 지능적으로 생각하는 사피엔스와 달리 감각하고 주관적으로 경험하는 능력을 가진 존재입니다. 이는 논리적 사고와 감성적 사고를 결합하여 창의적이고 혁신적인 해결책을 제시하는 능력을 의미합니다.[30]

이러한 맥락에서 실리콘밸리를 중심으로 한 기술 기업 안에서는 인간적 맥락에 대한 이해를 강조하는 의견들이 활발하게 논의되고 있습니다. 《워싱턴 포스트》의 칼럼니스트인 비벡 바드와 Vivek Wadhwa는 한 기고문에서 인문학 전공자들이 비전 있는 기술 리더가 되는 이유를 다음과 같이 설명합니다.

"기술자들이 종종 기술적 요소에만 집중하는 반면, 인문학 전공자들은 사람과 기술의 상호작용에 더 중점을 두기 때문에 사용자 친화적인 제품을 만듭니다."[31]

비벡 바드와의 연구에 따르면, 기술 회사의 최고경영자 중 37%만이 엔지니어링이나 컴퓨터 기술 전공을 가지고 있으며 나머지는 경영, 회계, 의료, 예술 및 인문학 등 다양한 분야의 학위를 가지고 있습니다. 그래서 인문학적 소양을 갖춘 사람들은 경영 능력과 사람 중심의 기술 개발에 있어서도 탁월한 성과를 보인다고 주장합니다. 또한 인문학 전공자들이 최고의 프로젝트 관리자, 최고 제품 관리자, 그리고 궁극적으로 가장 선견지명이 있는 기술 지도자가 된다고 주장합니다.

이처럼 현대 기업들은 제품에 인간적 맥락을 담기 위해 많은 노력을 기울이고 있습니다. 실리콘밸리의 하이테크 기업들도 브랜드 전략, 세일즈, 고객 관리 등에 인문학을 도입하고 있습니다. 이는 단순히 우수한 제품을 제공하는 것 이상의 가치, 즉 사람들의 필요와 욕구를 이해하고 충족시키는 기능과 이야기를 제공하는 것이 중요해졌기 때문입니다. 이는 기술의 발전이 모든 문제를 해결해 줄 수 있는 만능 열쇠가 아니라는 것을 반증합니다. 구글, 애플, 아마존 등 글로벌 기업들은 인류학, 심리학, 철학 등의 인문학적 소양을 가진 인재들을 채용하여 제품 개발과 마케팅 전략을 수립하고 있습니다. 이는 소비자들의 행동과 심리를 이해하고, 이를 바탕으로 제품을 개발하고 홍보하는 데 큰 도움을 줍니다.

그래서 기업들은 인문학, 그중에서도 인류학 전공자들을 선호해 왔습니다. 그 이유는 인류학 연구에서 행해지는 민족지학적 접근 방식이 다양한 문화적 특징을 이해하고, 소비자들의 욕구와 행동 양식을 파악하는 데 큰 도움을 주기 때문입니다. 민족지학자들은 문화적 맥락에 관심을 두고 특정 집단의 삶의 방식을 형성하는 사회적 역학이나 상징 등을 밝히려고 노력합니다. 이들의 작업 방식은 기업이 혁신적 아이디어를 얻는 데 중요한 역할을 합니다. 보통 사람들은 진정한 욕구를 스스로도 인식하지 못하고 늘 깊숙이 숨기고 있습니다. 그래서 소비자를 깊이 이해하기 위해 그들의 행동에 담긴 맥락과 의미를 이해하는 것이 무엇보다 중요해졌습니다.[32] 이제 기업들은 단순히 후행적으로 이루어지는 설문 조사 등으로는 고객의 욕구를 충족시켜 주기 어려울뿐더러 혁신을 이룰 수 없다고 봅니다. 그래서 데이터로 알수 없는 인간의 진짜 욕망, 즉 개인과 집단 무의식의 영역을 언어와 관습, 의례 등을 통해 파악하는 인류학의 연구가 빛을 발합니다. 세계 시장에서 성공하는 것을 목표로 하는 기업들이 다양한 문화적 맥락을 이해하고 그 문화를 반영하는 것을 중요하게 여기는 이유가 여기에 있습니다.

인공지능 시대가 도래하면서 기술과 데이터의 중요성은 날로 커지고 있지만, 방대한 데이터인 빅 데이터Big data가 가진 한계도 존재합니다. 인공지능이 다루는 정량적인 정보인 빅 데이터는 수많은 데이터 속에서 정확하고 빠르게 정보를 취합하고 유의미한 결과를 도출합니다. 하지만 그 과정에서 '왜'와 같은 맥락적인 이해를 도출하기는 어렵습니다.

이 시대는 불확실성과 복잡성 그리고 모호함을 받아들여야 하는 사회입니다. 따라서 인공지능은 과거의 일과 현재의 고정된 세상에 대한 이해를 돕긴 하지만, 예측 불가한 상황에 대한 대응이나 미래에 대한 예측과 같은 일을 통찰하는 것은 어렵습니다. 이러한 맥락에서 인문학의 가치가 빛을 발합니다. 인문학은 창의성, 문제 해결 능력, 의사결정 능력, 설득력 있는 논변, 경영 능력 등 다양한 인간적 역량을 강화시켜 주며, 이는 단순한 데이터 분석을 넘어 사람과 기술이 조화를 이루도록 돕습니다.

무엇보다 인공지능 시대를 맞아 인문학이 해야 할 중요한 역할은 윤리적 문제에 대한 깊은 통찰입니다. 기술의 진보가 가속화될수록 우리는 인간다움의 중요성을 절감할 것입니다. 디지털 휴머니즘Digital humanism에 따르면 인공지능 시대에 가장 시급한 문제는 인간이 인공지능과 구별되는 윤리적 지위를 갖는 것입니다. 인공지능이 발전함에 따라 부상하는 시급한 문제는 인간 존엄성과 자율성을 중심으로 한 새로운 윤리적 기준입니다. 특히 인공지능 기술이 초기값을 설정하는 이 시대에 윤리적 차원의 전 지구적 합의가 필요하며, 기술이 인간 중심으로 개발되고 적용되어야 한다고 주장합니다.[33] 이때 중요한 역할을 하는 것이 인문학입니다. 기술과 인간이 상호작용하는 방식을 재검토하며, 기술이 인간의 가치와 조화를 이루며 발전할 수 있게 돕기 때문입니다. 그래서 수많은 SF 소설과 영화에서는 디지털 휴머니즘의 가치를 반복해서 우리 사회에서 인식할 수 있도록 경고합니다. 인공지능으로 대표되는 기술의 강력함은 이미 인간의 영역을 넘어 신의 영역에 도전하고 금기에 도전하는 시대이기 때문입니다.

퍼지를 만드는 '인문학적 감각'

인공지능이 일상의 많은 부분을 효율적으로 관리하고, 데이터를 분석하며, 복잡한 문제를 해결하고 있습니다. 하지만 이러한 기술적 진보 속에서도 인간다움, 즉 인간 고유의 특성과 가치는 더욱 중요해지고 있습니다. 인공지능의 시대는 오히려 인간다움이 중요해지며, 가장 인간적인 사람이 빛나는 시대입니다.

나이키에서 제작한 애니메이션 〈더 라스트 게임The Last Game〉은 이러한 주제를 잘 보여 주는 사례입니다. 이 애니메이션은 2014년 FIFA 월드컵을 맞아 공개되었으며 '모든 위험에 맞서라Risk Everything' 캠페인의 일환으로 세계 최고의 축구선수들이 악당 과학자와 그의 클론 로봇들과 맞서 축구의 진정한 재미를 찾는 이야기를 담고 있습니다. 애니메이션에서 인공지능 로봇은 축구선수를 대신해 한 치의 오차도 없는 플레이를 합니다. 이는 처음에는 매우 매력적으로 보이지만, 시간이 지날수록 사람들은 축구에 대한 흥미를 잃어 갑니다. 축구는 예측 불가능한 드라마가 아닌, 완벽하지만 지루한 경기로 변해 버립니다. 인간 축구선수들은 결국 로봇에 대항하기 위해 위험을 감수하고 예측 불가능한 플레이를 합니다. 이러한 방식은 클론 로봇들을 혼란스럽게 만들고, 마침내 인간이 승리합니다. 이 이야기는 인공지능이 인간의 정교한 계산력이나 정확성을 능가할 수는 있지만, 인간의 창의성과 감각을 대체할 수 없다는 메시지를 전달합니다.[34]

로봇 공학자인 한스 모라벡Hans Moravec은 계산, 암기, 운전 등 인간의 능력을 언덕이나 산에 비유해 '인간 능력의 지형도'라고 부릅니다. 이는 인공지능이 다루기 어려운 인간의 능력을 설명할 때 유용합니다. 모라벡은 인간의 능력을 해수면에 비유하며, 저지대에는 암기, 계산, 운전, 체스 두기 등의 영역이 위치한다고 설명합니다. 이 영역은 이미 인공지능에 의해 대체되기 시작했습니다. 반면, 높은 지대에 있는 사회적 상호작용, 예술, 경영 등은 인공지능의 해수면이 도달하기 어려운 영역입니다. 이는 인공지능이 특정 작업에서는 탁월할 수 있지만, 인간의 전반적인 능력과 창의성을 대체하기는 어렵다는 점을 강조합니다.[35]

우리는 인공지능이 대체하기 어려운 인간적인 능력을 강화해야 하는 시대에 살고 있습니다. 그러나 현대 사회에서 이러한 능력을 기르는 것은 매우 어려운 일이 되었습니다. 이는 우리가 이성 중심적 서구 사회의 절대적 영향 아래 있기 때문입니다. 근대의 계몽주의, 이성주의 가치관은 서구 사회에 절대적인 영향을 끼쳤고, 이 영향은 전 세계로 확장되었습니다. 경제, 정책, 정치, 교육 등 모든 사회 시스템이 이성과 감정을 분리하고, 인간의 감정적 측면을 비합리적이라고 보는 경향을 낳았습니다. 그러나 인공지능 시대에는 이러한 감정적 측면이 다시금 중요한 가치를 지니게 되었습니다.

인간의 비이성적이고 비효율적인 영역으로 평가받던 감정과 공감 같은 측면이 재평가받기 시작했습니다. 창의성, 자율성, 윤리적 판단, 감정적 공감, 문화적 상징 등 인간의 고유한 능력과 가치는 인공지능이 대체할 수 없는 중요한 요소들입니다. 앞서 다룬 '퍼지'는 이러한 다양한 인간의 비인지적 능력이 뛰어난 사람들을 의미합니다. 인공지능이 특정한 한 가지 임무에서는 역량이 탁월하지만, 이러한 인간적인 능력에서는 여전히 인간을 대체하기 어렵습니다.

인문학적 감각과 인문학적 소양의 차이

구글 하면 떠오르는 이미지는 바로 심플하고 간결한 화면과 강력한 검색 엔진입니다. 이 검색 엔진의 개발에 참여했던 산토시 자야람Santosh Jayaram은 다음과 같은 말을 한 적이 있습니다.

"틀이 잡힌 공학을 집중적으로 교육받는 데는 채 1년도 걸리지 않는다. 정작 어려운 부분은 신제품을 흥미로운 아이디어로 만들고, 잠재적 사용자들과 접촉하는 일이다. 사람들에게 이 멋진 신제품이 얼마나 나의 삶을 나아지게 만들지 상상하게 하는 마법을 부릴 줄 아는 사람은 바로 문학을 공부한 사람이다."[36]

이 말은 기술적인 테키의 능력이 특정 작업에서는 탁월하겠지만, 앞으로는 인간의 전반적인 능력과 창의성의 역량을 갖춘 퍼지의 능력이 더욱 중요해질 것임을 의미합니다. 다양한 상황에서 창의성과 새로움을 부여하는 능력이야말로 앞으로 가장 뛰어난 개인의 능력이 될 것입니다. 이는 기존의 언어와 논리 체계로 설명하기 어려운 것들을 예술가들이 직감으로 이해하고 표현하는 것과 유사합니다. 인간은 인공지능과 다르게 모호하고 불분명한 영역을 잘 다루는 '감각'을 가지고 있기 때문입니다. 이 지점이 바로 인공지능 시대의 중요한 인간적 능력입니다. 이런 능력을 갖춘 퍼지는 논리적, 이성적인 인재 유형이 아닌 예술가적 감각이나 철학적 문제 의식을 지닌 사람들입니다. 이러한 감각은 예술가, 철학자, 스포츠 선수 등 다양한 분야에서 발현되며 새로운 시대에는 이러한 감각을 지닌 퍼지형 인재가 시대를 주도합니다.

퍼지형 인재는 감정적 공감, 창의적 문제 해결, 종합적 판단, 사회적 기술 등 다양한 인간적 능력을 갖춘 사람들을 의미합니다. 실리콘밸리의 대표적 퍼지형 인재인 스티브 잡스는 감성과 창의성으로 새로운 혁신의 에너지를 불러일으키며, 인문학과 기술의 교차점에 대한 중요성을 강조했습니다. 그 후 실리콘밸리의 기술 기업들을 이끄는 퍼지들은 인문학적 감각을 발휘하여 기술 세계에서 혁신을 이끌어 왔습니다. 이들의 면모를 자세히 살펴보면 수많은 기업이 질문의 방법과 엄밀한 사고를 가르치는 인문학 교육을 받았다는 것을 알 수 있습니다. 혁신을 이끄는 퍼지들은 인문학이 경쟁우위를 가질 수 있는 차별화 요소라고 생각하며, 이를 경영의 영역에 적극적으로 수용하고 있습니다.

인문학적 감각이 흔히 사용하는 인문학적 소양과 어떻게 다른지를 살펴보면 그 특징이 명확하게 드러납니다. 인문학적 소양은 학문적 배경과 교육을 통해 발달하는 지식과 교양을 포괄하는 개념으로, 주로 지식의 축적과 연구를 통해 발달합니다. 반면, 인문학적 감각은 일상에서의 감성적이고 직관적인 이해를 강조하며 인간의 경험, 감정, 가치관 등을 중시하여 더 넓은 시각과 깊은 사고를 가능하게 합니다.

인문학적 감각과 소양은 상호 보완적인 개념으로, 두 가지 모두 인문학을 이해하고 활용하는 데 중요합니다. 인문학적 소양이 탄탄할수록 이를 바탕으로 한 인문학적 감각도 더욱 깊어지고 풍부해집니다. 인문학적 소양은 주로 학문적 지식과 이론적 이해를 의미하며, 인문학적 감각은 이러한 지식을 실제 생활과 문제 해결에 창의적으로 적용하는 능력을 의미합니다.

인문학적 감각과 관련해 가장 적합한 사례는 바로 레오나르도 다 빈치입니다. 다 빈치는 감각을 통한 경험이 인간의 지식과 이해의 기초라고 믿었습니다. 그는 모든 감각을 날카롭게 하고, 특히 시각을 통해 세상의 아름다움과 복잡성을 인식하려고 노력했습니다. 감각의 강화는 다 빈치의 사고방식 중 하나로, 감각을 날카롭게 하여 세상을 더 생생하게 경험하고 창의성을 극대화하는 방법입니다.[37]

다 빈치의 노트북에는 시각적 관찰과 관련된 많은 스케치와 메모가 포함되어 있습니다. 이러한 관찰은 그가 자연과 인체의 복잡성을 이해하고 예술과 과학에서 뛰어난 성과를 거두는 데 중요한 역할을 했습니다. 그는 일기 작성을 통해 주변 환경의 세부 사항을 주의 깊게 보는 습관을 길렀으며, 자연이나 미술관을 방문하여 시각적 감각을 훈련했습니다. 또한 와인 시음, 향기 감별 등의 활동을 통해 후각과 미각을 훈련하여 감각을 더욱 예민하게 만들었습니다. 감각에 집중하는 명상을 하면서 지금 이 순간에 더 몰입하는 감각을 강화하기도 했습니다. 이를 통해 정신적 명확성과 감각적 인식을 높일 수 있었습니다.

인문학적 감각은 인문학적 지식을 바탕으로 한 감성적이고 직관적인 이해와 창의적 문제 해결 능력을 의미하며, 이는 인공지능 시대에도 중요한 인간 고유의 능력으로 평가받고 있습니다. 다양한 감각적 경험과 탐구를 통해 이러한 능력을 지속적으로 발전시키는 것이 필요합니다. 인문학적 감각을 강화하면 예술, 과학, 비즈니스 등 다양한 분야에서 창의적이고 혁신적인 아이디어를 도출할 수 있으며, 이는 인공지능이 대체할 수 없는 중요한 인간의 역량이 됩니다. 레오나르도 다 빈치처럼 감각을 날카롭게 하고 새로운 경험을 통해 세상을 더 깊이 이해하려는 노력이 중요한 이유가 여기에 있습니다. 이렇게 함으로써 우리는 인공지능 시대의 대체 불가한 퍼지형 인간이 될 수 있습니다.

깊이 있는 사고를
할 수 있는가?

부가적인 정보가 필요할 때마다 인터넷과 스마트폰으로
곧장 찾은 사실들만 들어차 있고 분석은 하지 못하는 두뇌의 가치는
떨어질 수밖에 없다.

- 니콜라스 카(IT 미래학자)

우리는 깊게 사고하는 능력을 잃어버렸다

현대 사회에서는 기술이 빠르게 발전하고 인공지능이 널리 사용되면서 손끝 하나로 엄청난 양의 정보를 즉시 얻고 복잡한 문제도 빠르게 해결할 수 있습니다. 다양한 작업이 자동화되면서 효율성도 크게 높아졌습니다. 그러나 이러한 편리함 뒤에는 주의력이 자꾸 분산되고, 깊이 생각하거나 혼자만의 시간을 갖는 일이 점점 줄어드는 현대인의 모습이 있습니다.

일상에서 사용하는 SNS와 이메일 같은 실시간 메시지 소통이 우리의 작업 방식을 근본적으로 바꾸고 있으며, 이로 인해 집중력과 생산성이 크게 떨어졌다는 연구들이 쏟아지고 있습니다. 이런 현상을 '하이퍼액티브 하이브 마인드Hyperactive hive mind'라고 부르는데, 이는 현대인들이 끊임없는 알람과 메시지로 인해 항상 산만해지고, 중요한 작업에 몰입할 시간이 줄어들어 창의적 문제 해결이나 깊이 있는 작업을 하기 어려워지는 현상을 일컫는 말입니다.[38] 즉, 소셜 미디어, 이메일, 메시지 앱 등은 우리가 집중할 수 있는 시간을 줄이고, 깊이 있는 사고를 방해하기 시작했습니다.

니콜라스 카Nicholas Carr는 디지털 기술, 특히 인터넷이 우리의 사고방식에 미치는 영향을 깊이 탐구했습니다. 그는 인터넷 사용이 인간의 사고방식, 특히 집중력과 깊은 사고를 어떻게 변화시키는지를 분석합니다.[39]

카에 따르면, 인터넷은 정보를 빠르게 접근하고 소비할 수 있게 만들었습니다. 우리는 클릭 몇 번으로 방대한 양의 데이터와 지식에 접근할 수 있지만, 이러한 편리함이 반드시 긍정적인 결과만을 가져오는 것은 아닙니다. 인터넷의 사용 편의성은 사용자가 정보를 빠르게 스캔하고, 짧은 순간에 주의를 집중하며, 다양한 자극에 동시에 반응하도록 유도합니다. 이는 깊이 있는 사고나 장기간의 집중력을 요구하는 활동을 방해할 수 있습니다. 카는 이러한 변화를 '생각의 얕아짐'이라고 칭하며, 디지털 기술이 제공하는 단편적이고 산만한 정보의 홍수가 우리의 인지능력에 부정적인 영향을 끼칠 수 있다고 경고합니다.

또 다른 문제는 멀티태스킹Multitasking입니다. 현대 기술은 우리에게 여러 가지 일을 동시에 처리하라고 요구하지만, 사실 이는 우리 뇌가 가장 힘들어하는 방식입니다. 우리의 집중력은 한정되어 있어서, 여러 작업을 동시에 하려고 하면 뇌가 계속해서 작업 간에 모드를 전환해야 합니다. 이 과정에서 뇌는 많은 에너지를 소비하고, 결국 피로가 쌓이고 맙니다.

멀티태스킹을 하면 작업 기억Working memory과 실행 기능Executive function에 큰 부담이 생기며, 이로 인해 집중력과 사고 능력이 떨어집니다. 동시에 여러 일을 처리하려고 하면 각 작업에 더 많은 시간이 걸리고, 결과물의 질도 낮아집니다. 특히 복잡하거나 집중이 필요한 작업에서는 이러한 문제가 더 심각해집니다. 장기적으로 보면, 멀티태스킹은 뇌에 부정적인 영향을 미칠 수 있으며, 주의력 문제나 인지 기능 저하를 일으킬 수 있습니다.

영국의 저널리스트 요한 하리Johann Hari는 디지털 기술이 우리의 집중력을 분산시키고, 깊이 생각하는 대신 짧고 피상적인 사고를 촉진하는 현상에 대해 우려를 표합니다.[40] 그는 『도둑맞은 집중력』이라는 책에서 이러한 문제를 다루었습니다. 현대인은 엄청난 양의 정보에 계속 노출되면서, 뇌에 큰 부담을 주고 집중력이 떨어졌습니다. 소음, 혼잡, 불규칙한 생활 등 환경적인 요인들도 스트레스와 불안을 높여 만성적인 수면 부족을 일으키고, 이로 인해 뇌 기능이 저하되어 집중력과 기억력이 나빠집니다. 이런 상태에서는 뇌가 창의적으로 활동하지 못하고, 외부의 위험에만 신경을 쓰게 됩니다. 따라서 통찰력 있는 판단이나 창의적으로 생각하는 것이 점점 더 어려워집니다.

인공지능 기술의 발전은 이러한 현상을 더욱 가속화할 수 있습니다. 인공지능 시스템이 점점 더 많은 지적 작업을 대신 수행함에 따라, 인간은 복잡하고 깊이 있는 사고보다는 인공지능이 제공하는 간단하고 즉각적인 해결책에 의존할 위험이 있습니다. 이러한 경향은 인간의 독립적인 사고 능력을 약화할 수 있으며, 결국에는 창의력과 비판적 사고력의 저하로 이어질 수 있습니다.

현상 너머의 본질 읽기

기술의 현상에 매몰되지 않고 그 본질을 이해하려는 노력이 필요합니다. 인문학에는 그런 현상 이면에 숨겨진 진정한 의미를 깊게 탐구하는 학문이 있습니다. 기호학Semiotics과 같은 인문학적 접근은 우리에게 깊이 있는 통찰을 제공합니다.

기호학Semiotics은 기호와 상징을 통해 의미가 어떻게 형성되고 전달되는지를 연구하는 학문입니다. 이는 인공지능 시대에 다양한 텍스트(이미지, 문자 메시지, 숏폼 비디오, 브이로그 등)를 이해하고 해석하는 데 큰 도움을 줍니다.

예를 들어 소셜 미디어에서 사용하는 이모티콘과 이미지를 생각해 볼 수 있습니다. 기호학적 관점에서 보면, 이모티콘은 단순한 기호가 아니라 특정한 감정이나 상황을 표현하는 중요한 상징입니다. 웃는 얼굴 이모티콘은 기쁨이나 유쾌함을, 눈물을 흘리는 이모티콘은 슬픔이나 실망을 나타냅니다. 이러한 기호를 올바르게 해석하는 것은 인공지능이 인간의 감정을 이해하고 소통하는 데 중요한 역할을 합니다.

기호학은 문화적 맥락을 이해하는 데도 도움을 줍니다. 기호학적 분석을 통해 문화적 차이와 맥락을 이해함으로써 우리는 보다 나은 제품과 서비스를 만들 수 있습니다. 다국적 인공지능 응용 프로그램은 다양한 문화적 배경을 고려하여 더 효과적으로 작동해야 합니다. 예를 들어, 일본과 미국의 사용자들이 같은 인공지능 애플리케이션을 사용할 때, 각 문화에 맞는 인터페이스와 상호작용 방식을 제공하여 더 나은 사용자 경험을 할 수 있게 합니다.

이런 문화적 맥락을 이해하는 방식은 기호학과 마케팅이 결합된 마케팅 기호학Marketing Semiotics으로 발전했습니다. 마케팅 기호학은 기호학적 이론을 마케팅과 광고에 적용하여 소비자와의 소통을 최적화하는 데 사용됩니다. 이는 마케터들이 기호와 상징을 통해 제품과 브랜드에 대한 의미를 전달하고, 소비자의 감정과 인식을 형성하는 방법을 분석하고 활용하는 데 큰 도움을 줍니다. 따라서 기호학적 분석을 통해 브랜드의 의미를 파악하고 이를 관리하는 것은 현대 마케팅 전략의 핵심 요소입니다.

로라 오즈월드Laura Oswald는 기호학을 통해 브랜드의 의미를 해석하고, 이를 통해 브랜드 가치를 높이는 방법을 연구합니다.[41] 그녀의 접근법은 브랜드를 단순한 상품이 아닌, 문화적 상징으로 이해하는 것입니다. 예를 들어, 브랜드 로고, 슬로건, 광고 등은 모두 특정한 기호로 작용하여 소비자에게 특정한 의미와 감정을 전달합니다. 이렇게 기업의 브랜드는 자신만의 고유한 기호 체계를 구축하여 소비자에게 일관된 메시지를 전달합니다. 오즈월드는 브랜드의 의미를 관리하는 것이 브랜드 가치를 더더욱 높일 수 있다고 주장합니다. 브랜드 의미는 소비자가 브랜드를 어떻게 인식하고, 어떤 감정을 느끼며, 어떤 가치를 부여하는지를 결정짓는 요소입니다. 따라서 기호학적 분석을 통해 이러한 의미를 정확히 파악하고, 이를 바탕으로 브랜드 전략을 수립하는 것이 중요합니다.

예를 들어, 오즈월드는 코카콜라의 빨간색, 로고, 병 모양 등이 단순한 기호가 아니라 즐거움, 신선함, 미국적 가치를 상징한다고 분석합니다. 이러한 기호들이 소비자에게 전달하는 의미는 코카콜라를 단순한 음료 이상으로, 특정한 라이프스타일과 감정을 대표하는 브랜드로 만들어 줍니다. 또한 스타벅스의 로고와 매장 인테리어는 프리미엄, 일상의 휴식, 글로벌 브랜드라는 의미를 전달합니다. 이는 소비자가 스타벅스에서 커피를 마시는 경험을 특별하게 느끼도록 만듭니다. 오즈월드는 이러한 기호들이 소비자의 브랜드 경험을 어떻게 형성하는지를 분석합니다.

이처럼 현상 너머의 본질을 보려는 기호학의 통찰은 기술과 마케팅이 융합된 현대 사회에서 더욱 빛을 발하며, 기술과 인간의 감성적 연결을 강화하는 데 큰 도움을 줍니다. 결국 인공지능 시대에서도 기호학과 같은 인문학적 접근은 기업의 제품과 서비스가 지속적으로 의미 있는 메시지를 전달하고, 소비자의 마음을 사로잡는 데 핵심적인 역할을 할 것입니다.

고독한 시간의 딥 다이브

인공지능 시대에서 깊은 사고력은 이전보다 훨씬 중요한 역할을 합니다. 무엇보다 깊은 사고력은 문제를 다양한 관점에서 분석하고, 창의적이고 혁신적인 해결책을 도출하는 데 필수적입니다. 이는 단순히 표면적인 정보 소비를 넘어, 정보를 깊이 이해하고 성찰하는 능력을 포함합니다. 이는 인공지능 시대의 가장 차별화된 인문학적 감각이라고 할 수 있습니다. 이런 깊은 사고력을 뜻하는 인문학적 감각이 '딥 다이브Deep dive'입니다.

'딥 다이브'는 어떤 주제나 문제에 대해 깊이 있게 탐구하고 철저히 이해하려는 사고법을 말합니다. 표면적인 이해를 넘어 본질적인 요소와 세부적인 부분까지 철저히 분석하는 과정입니다. 깊이 있는 사고는 특히 복잡한 문제 해결, 혁신, 창의성 그리고

비판적 사고에 필수적입니다. 인공지능 시대에 깊이 있는 사고는 데이터를 올바르게 해석하고, 비판적으로 검토하며, 창의적이고 혁신적인 해결책을 제시하는 데 필수적입니다. 딥 다이브는 이러한 사고법을 통해 복잡한 문제를 효과적으로 해결하고, 지속 가능한 발전을 이루는 데 중요한 역할을 합니다.

칼 뉴포트Cal Newport는 디지털 기술에 의해 주의력을 잃고 산만해지는 현대 사회의 문제를 지적하며, '딥 워크Deep work'의 중요성을 강조합니다.[42] 그는 딥 워크를 '산만함 없이 깊이 있는 집중 상태에서 수행되는 전문적인 활동'으로 정의합니다. 뉴포트는 딥 워크가 복잡한 문제를 해결하고 창의성을 발휘하는 데 필수적인 능력이라고 주장합니다. 딥 워크는 우리의 인지 능력을 최대한으로 끌어올려, 높은 가치를 만드는 작업을 가능하게 합니다. 그러나 현대 사회는 디지털 커뮤니케이션 도구의 등장으로 인해 딥 워크가 점점 더 희귀해지고 있습니다.

뉴포트는 또한 고독이 창의성과 자기 성찰에 얼마나 중요한지를 설명합니다. 그는 디지털 기기 없이 혼자 있는 시간을 가질 것을 권장하며, 이를 통해 내면의 평화와 창의적 아이디어를 찾을 수 있다고 주장합니다. 이러한 고독의 시간은 철학자 마르틴 하이데거Martin Heidegger가 강조한 '깊이 있는 사유'와 연결됩니다.

현대 사회에서 우리는 이러한 고독의 시간을 의도적으로 만들어야 합니다. 하이데거는 깊이 몰입한 작업이 개인과 조직의 성과를 극대화하는 데 필수라고 강조합니다. 그는 우리가 이메일과 실시간 소통에서 벗어나 깊이 있는 작업을 할 수 있도록 환경을 재설계해야 한다고 주장합니다.

하이데거는 고독의 중요성을 강조했습니다.[43] 그는 깊이 있는 생각과 자기 성찰을 위해 고독이 꼭 필요하다고 보았습니다. 하이데거에 따르면, 고독은 우리가 자신의 존재와 삶을 진정으로 이해하고 깊은 통찰을 얻는 시간입니다. 고독은 인간이 스스로를 발견하고 자신의 본질을 탐구하는 중요한 과정입니다. 하이데거가 말하는 고독은 단순히 외롭거나 사회적으로 고립된 상태를 의미하지 않습니다. 오히려 고독은 우리가 자신의 존재를 자각하고 진정한 자아를 찾기 위해 필요한 시간입니다. 인간은 고독 속에서 자신의 유한성과 실존적 불안에 직면하게 됩니다. 이 과정은 일시적으로 외로움과 불안을 느끼게 할 수 있지만, 이를 통해 우리는 자아 성찰을 하고 존재의 본질을 탐구할 수 있습니다.

현대 사회는 끊임없는 정보와 자극으로 인해 이러한 고독의 시간을 점점 잃어 가고 있습니다. 그래서 우리는 의도적으로 타인과의 관계에서 벗어나, 자신의 본질을 탐구할 수 있는 고독의 시간을 가질 필요가 있습니다. 인공지능과 디지털 기기의 발전은 우리의 주의력을 끊임없이 분산시키고, 깊이 있는 사고를 방해하는 만큼 디지털 도구의 사용을 신중하게 선택하고, 깊이 있는 작업과 고독의 시간을 의도적으로 만들어야 합니다. 이를 통해 인공지능 시대에서도 진정한 의미의 성찰과 창의성을 발휘할 수 있을 것입니다. 고독과 딥 다이브와 같은 인문학적 감각은 우리가 현대 사회에서 깊이 있는 사고를 회복하는 데 꼭 필요합니다.

실리콘밸리 퍼지들은 어떻게 '딥 다이브'를 할까?

한 가지 일에 완전히 빠져드는 '몰입 상태'는 높은 생산성과 창의성을 유도합니다. 몰입 상태에서는 시간이 빠르게 지나가며, 높은 집중력과 깊이 있는 사고가 가능합니다.[44] 인간은 한 가지 일에 집중할 때 차이가 느껴지는 결과를 만들어 냅니다. 몰입 상태에서는 더 깊이 있는 분석과 창의적인 해결책을 찾을 수 있습니다. 한 가지 일에 집중하는 것은 스트레스와 불안을 줄이고, 전반적인 정신적 웰빙을 증진합니다. 집중력 향상은 자신감과 성취감을 높이며, 이는 긍정적인 정신 건강을 유지하는 데 중요합니다.

깊이 몰입하는 '딥 다이브'는 복잡한 아이디어를 개발하고, 깊이 있는 분석과 비판적 사고를 요구하는 작업에서 필수적입니다. 이는 인공지능이 처리하기 어려운 영역이며, 인간의 독창성과 지혜를 필요로 합니다. 깊이 몰입한 상태에서의 작업은 짧은 시간에 더 많은 성과를 올릴 수 있게 합니다. 이는 인공지능 시대에 경쟁력을 유지하는 데 중요한 요소입니다. 인공지능 시대에는 끊임없는 기술 발전과 변화에 대응하기 위해 새로운 스킬을 습득해야 합니다. 몰입할 수 있는 질적인 시간은 이러한 학습 과정을 최적화하여, 짧은 시간 내에 높은 수준의 기술을 습득할 수 있게 합니다. 깊이 몰입하는 과정은 결과뿐만 아니라 그 과정에서 심리적 만족과 행복감을 증대시킵니다. 그래서 몰입은 개인의 전반적인 삶의 질을 높이는 데 기여합니다. 하이테크 시대를 주도하는 다양한 퍼지들도 이러한 가치를 이해하고 자신만의 방식으로 깊게 '딥 다이브'할 수 있는 의도적인 환경을 구축했습니다. 이는 그들의 높은 차원의 성과와 깊은 내면의 충만함을 형성하는 데 크게 도움을 주었습니다.

1) 빌 게이츠의 '생각 주간'

빌 게이츠는 1년에 두 차례 일주일 동안 '생각 주간Think Week'

을 갖는 것으로 유명합니다. 외딴 곳에 머물며 독서와 깊은 사색에 몰두하는 전통입니다. 이 기간 동안 그는 전자 기기와 모든 소통을 차단하고, 책과 문서들을 읽으며 새로운 아이디어를 구상합니다. 이 전통은 1980년대부터 시작되었으며, 마이크로소프트의 중요한 전략적 결정들이 이 기간에 이루어졌습니다. 예를 들어, 1995년의 생각 주간은 인터넷 익스플로러의 개발을 결정하는 데 중요한 역할을 했습니다.[45]

이 기간 동안 게이츠는 자신이 받은 수백 개의 문서, 연구 보고서, 기술 혁신에 대한 제안서 등을 검토하면서 미래의 기술 트렌드와 사회적 변화를 예측합니다. 이러한 은둔의 시간은 그에게 마이크로소프트의 전략적 방향을 결정하고, 자선 활동에 대한 아이디어를 정립하는 데 중요한 영향을 미쳤습니다.

2) 제프 베이조스와 스티브 잡스의 '리트리트'

아마존Amazon의 창립자 제프 베이조스Jeff Bezos는 정기적인 리트리트retreat를 통해 회사의 장기적인 전략을 검토합니다. 이 시간 동안 베이조스는 중요한 비즈니스 결정을 내리고, 아마존의 혁신적인 프로젝트들을 평가합니다. '리트리트'는 원래 종교적이거나 영적인 은둔을 의미하는 말에서 출발하여, 현대에는 비즈니스 리더십, 팀 빌딩, 개인의 자기 성찰과 같은 다양한 목적을 위해 사용되는 일시적인 은둔이나 휴식을 뜻합니다.

제프 베이조스의 리트리트에 관한 정보는 일반적으로 다양한 미디어, 비즈니스 저널, 그리고 베이조스 자신의 인터뷰를 통해 알려져 왔습니다. 특히 그의 전략적 사고와 아마존의 방향성을 정하는 중요한 의사결정이 이 리트리트를 통해 이루어졌다는 것은 비즈니스 커뮤니티에 널리 알려져 있습니다. 제프 베이조스의 리트리트는 아마존의 전략적 의사결정과 장기적인 비전을 설정하는 중요한 시간으로 사용됩니다. 그는 이 기간에 핵심 팀과 함께 깊이 있는 논의를 통해 회사의 미래 방향을 결정합니다.

애플의 공동 창립자인 스티브 잡스는 매주 일요일 밤 자택에서 자신의 임원진들과 함께 '일요일 리트리트Sunday retreat'를 열었습니다.[46] 이 시간 동안 잡스는 팀원들과 심도 있는 논의를 통해 새로운 제품 아이디어를 검토하고, 회사의 비전과 전략을 재조정했습니다. 이러한 접근 방식은 애플의 혁신 문화를 형성하는 것으로 이어졌습니다. 일요일 리트리트는 애플의 경영 및 혁신 문화를 형성하는 중요한 전통 중 하나였습니다. 이러한 리트리트는 애플의 많은 혁신적인 제품이 탄생하는 데 기여했으며, 팀 내 결속력과 협업을 강화하는 중요한 역할을 했습니다.

이러한 사례들은 집중적인 '딥 다이브'가 기술 혁신과 전략적 사고를 촉진하는 데 중요한 역할을 한다는 것을 보여 줍니다. 인공지능 시대에는 이러한 접근법이 기업과 개인 모두에게 신선한 관점과 혁신적인 해결책을 제공할 수 있는 강력한 도구가 됩니다. 인공지능 시대에 진정한 의미의 성찰과 창의성을 발휘하려면, 우리는 의도적으로 깊이 있는 작업과 고독한 시간을 만들어야 합니다. 이러한 인문학적 감각은 깊이 있는 사고를 회복시키며, 이는 단순한 기술적 능력을 넘어서는 차별화된 경쟁력을 만듭니다.

시대를 초월하는 불변의 법칙

🖋

중요한 것은 변하는 것이 아니라 변하지 않는 것이다.
세상은 너무 빠르게 바뀌기 때문에 사람들은 무엇이 바뀔지만을 알려고 한다.
하지만 우리의 미래에 영향을 주기 위해 알아야 할 것은
과거에도 지금도 앞으로도 변하지 않는 것들이다.

– 모건 하우절(『돈의 심리학』의 저자, 칼럼니스트)

트렌드 vs. 클래식

"영어에서 가장 값비싼 한마디는 '이번에는 다르다This time it's different'이다."

세계적인 투자자 존 템플턴John Templeton 경이 한 말입니다. 경제와 투자 분야에서 종종 반복되는 패턴을 무시하고 현재 상황이 이전과 다르다고 믿는 사람들에게 경고하고 있습니다. 이 말은 역사를 통해 반복되는 인간의 과오와 맹목적 낙관주의에 대한 경고로 해석됩니다.

인공지능 시대와 같은 기술 혁신 시대에는 트렌드가 더 주목받고 가치 있는 것으로 여겨지는 경향이 있습니다. 그래서 '000 기술 트렌드'라는 표현을 어렵지 않게 볼 수 있습니다. 물론 트렌드는 매우 중요하지만, 진정한 차이를 만들고 성과를 내는 사람은 '클래식'의 가치를 아는 사람입니다. 트렌드와 클래식은 문화와 예술 그리고 인문학적 접근에서 매우 다른 위치를 차지합니다.

트렌드는 특정 시기에 사회, 문화, 기술 등 다양한 분야에서 일시적으로 인기를 끄는 현상이나 스타일을 의미합니다. 트렌드는 변화무쌍하고 현재의 사회적·경제적·기술적 환경에 따라 빠르게 변화합니다. 주로 현대 사회의 변화하는 요구와 기대에 응답하는 형태로 나타나며, 대중의 관심을 끌기 위해 매체와 광고로 크게 조명됩니다.

트렌드는 현대 사회에서 중요한 역할을 합니다. 새로운 기술,

패션, 생활 방식 등이 빠르게 대중에게 소개되고 채택됨으로써 사회는 끊임없이 변화하고 발전합니다. 특히 인공지능과 같은 신기술의 경우, 트렌드를 통해 기술의 새로운 사용 방법이나 응용 가능성을 탐색하고, 이를 통해 산업과 사회가 혁신적인 방향으로 나아갈 수 있습니다.

트렌드는 그 본성상 일시적이고 표면적인 면이 강합니다. 대중의 관심을 빠르게 끌지만, 그만큼 신속하게 관심에서 멀어지기도 합니다. 따라서 트렌드에만 집중하는 것은 깊이 있는 지식이나 오래 지속될 가치를 이해하기 어려울 수 있습니다.

사람들은 경제적 붐과 버블이 반복될 때마다 "이번에는 다르다"라고 주장하며 과거의 경고 신호를 무시하는 경향이 있습니다. 이는 기술 혁신이 경제와 사회에 가져오는 변화에서도 비슷합니다. 인공지능의 급속한 발전은 분명히 혁신적이지만, 인간의 본성과 역사의 패턴을 고려할 때 우리는 여전히 과거의 교훈을 무시해서는 안 됩니다. 인공지능이 가져올 수 있는 윤리적·사회적 문제를 간과하지 않고 주의 깊게 살펴보아야 합니다.

이런 상황에서 통찰을 제공해 줄 수 있는 것이 인문학입니다. 인류의 기나긴 역사에서도 불변의 법칙과 관련된 지혜가 담긴 고전, 즉 클래식에 주목해야 할 때입니다. 클래식은 시간이 지나도 그 가치를 잃지 않는, 역사적으로 인정받는 작품이나 사상, 스타일을 말합니다. 클래식은 문학, 음악, 미술, 철학 등 다양한 분야에서 오랜 시간 동안 사람들에게 사랑받고 연구됐습니다. 이는 인간 경험의 보편적인 진리와 감정을 표현하고, 세대를 초월하여 공감대를 형성합니다.

트렌드를 추종하는 것만으로는 인간과 사회에 대한 균형 잡힌 시각을 형성하기 어렵습니다. 클래식을 통해 우리는 역사적 깊이와 문화적 넓이를 갖춘 시각을 발전시킬 수 있습니다. 이는 인공지능 기술을 포함한 모든 현대 기술을 인간 중심적이고 지속 가능한 방향으로 이끌어 갈 수 있는 중요한 기초가 됩니다.

클래식은 인간의 근본적인 문제와 감정, 가치에 대한 깊은 통찰을 제공합니다. 예를 들어 플라톤의 철학, 셰익스피어의 희곡, 베토벤의 교향곡 등은 수 세기를 거쳐 여전히 연구되고 감상되며, 이를 통해 우리는 인간 본성과 사회, 정치, 문화를 더욱 깊이 이해합니다.

따라서 인공지능 시대에 클래식을 접하는 것은 특히 중요합니다. 인공지능 기술이 발전함에 따라 우리는 기술적인 면뿐만 아니라 윤리적·철학적 질문에도 직면하게 됩니다. 클래식은 이러한 질문에 답할 수 있는 토대를 제공합니다. 예를 들어 인공지능의 발전이 인간의 자유 의지나 도덕성에 어떤 영향을 미칠지 아무도 알 수 없지만, 이러한 고민은 고대 그리스 철학에서도 찾아볼 수 있는 주제입니다.

기술이 아무리 발전해도, 그 사용 주체는 여전히 인간입니다. 따라서 인공지능 개발과 사용 과정에서 인간의 가치와 윤리적 기준을 중심에 두어야 합니다. 이는 과거의 교훈을 반영하여 기술이 인간에게 미칠 수 있는 영향을 깊이 있게 성찰하게 합니다. 우리는 트렌드와 클래식을 균형 있게 접합으로써, 과거와 현재, 미래를 모두 이해할 수 있는 통합적 시각을 갖출 필요가 있습니다.

세상은 다른 듯 반복된다

미래학Futurology은 미래를 예측하고 준비하는 학문으로 사회, 경제, 기술, 환경 등 다양한 분야에서 미래의 가능성을 탐구합니다. 이 학문은 현재의 결정과 행동이 미래에 미치는 영향을 이해하고, 더 나은 의사결정을 내릴 수 있도록 돕습니다. 미래학은 과학적 방법론과 창의적 사고를 결합하여 다양한 시나리오를 제시하고, 이를 통해 미래의 불확실성에 대비할 수 있는 전략을 개발합니다.

그렇다면 미래학이 가장 많은 시간을 들여 연구하는 분야는 무엇일까요? 바로 역사입니다. 역설적이게도 미래학이 역사를 많이 연구하는 데는 여러 가지 이유가 있습니다. 역사는 인간 사회의 변화와 발전을 이해하는 데 중요한 통찰을 제공하며, 이러한 통찰은 미래를 예측하고 대비하는 데 큰 도움이 되기 때문입니다.

역사는 인간 행동, 사회적 변화, 경제적 주기, 기술 발전 등에서 반복적으로 나타나는 패턴과 추세를 제공합니다. 이러한 패턴과 추세를 통해 미래의 변화를 예측해 볼 수 있습니다. 예를 들어 경제 불황과 호황의 주기, 기술 혁신의 주기 등을 분석하여 미래의 경제 상황이나 기술 발전을 예측할 수 있습니다.

재미있는 사례로 닷컴 버블Dot-com bubble과 암호화폐 붐Crypto-currency boom을 들 수 있습니다. 1990년대 후반, 인터넷의 빠른 확산과 함께 많은 인터넷 기반 회사가 설립되었습니다. 이들 기업의 주가는 급격히 상승했지만, 2000년대 초 닷컴 버블이 붕괴하면서 수많은 회사가 파산하고 주식 시장도 큰 타격을 입었습니다. 당시 대다수 사람들은 인터넷이 미래를 완전히 바꿀 것이라 믿었지만, 과도한 기대와 투기로 인해 버블이 형성되었고, 이는 큰 경제적 손실로 이어졌습니다.

비슷한 양상이 암호화폐 시장에서도 나타났습니다. 비트코인과 같은 암호화폐가 등장하면서 많은 사람이 이에 투자하기 시작했고, 암호화폐의 가치가 급격히 상승했습니다. 그러나 이후 시장의 변동성과 규제 이슈 등으로 인해 암호화폐의 가격은 큰 폭으로 하락했습니다. 이 과정에서도 많은 투자자가 큰 손실을 보았고, 이는 닷컴 버블과 유사한 패턴을 보여 줍니다. 아마도 이런 상승과 하락은 앞으로도 반복해서 일어날 것입니다.

그런데 이 두 사건 모두 부정적인 영향만 남긴 것은 아닙니다. 닷컴 버블 이후에도 IT 기술은 꾸준히 발전하며 우리의 생활 방식을 크게 변화시켰습니다. 초기의 혼란과 버블 붕괴에도 불구하고 인터넷은 정보 접근을 혁신적으로 바꾸었고, 전자상거래와 소셜 미디어의 폭발적 성장을 이끌었습니다. 아마존, 구글, 페이스북 등과 같은 기업들이 부상하면서 인터넷은 경제와 사회의 핵심 인프라로 자리 잡았습니다. 이는 기술 혁신이 초기의 과도한 기대와 거품을 넘어서면 장기적으로 큰 변화를 가져올 수 있다는 것을 보여 줍니다.

암호화폐 시장도 유사한 경로를 따르고 있습니다. 비트코인, 이더리움 등 암호화폐는 초기의 투기적 붐과 이후의 가격 폭락을 겪었지만, 블록체인 기술은 여전히 다양한 분야에서 혁신을 일으키고 있습니다. 금융, 물류, 의료 등 여러 산업에서 블록체인 기술의 응용 가능성이 탐구되고 있으며, 이는 암호화폐 시장의 초기 혼란을 넘어 장기적인 변화를 예고합니다. 비트코인의 창시자인 사토시 나카모토가 처음 제안한 분산형 디지털 화폐의 개념은, 기존의 금융 시스템에 대한 새로운 가능성을 열었습니다.

이 두 사례는 기술 혁신이 가져오는 경제적 변화의 반복되는 패턴을 보여 줍니다. 인간의 과도한 기대와 투기는 시간이 지나도 변하지 않으며, 이는 경제적 버블을 형성하고 붕괴시키는 요인이 됩니다. 이러한 패턴을 이해함으로써 우리는 미래의 경제적 변동에 대비할 수 있습니다.

인공지능 시대에도 역사적 통찰은 중요합니다. 역사를 공부하면 인간의 행동 패턴과 사회 구조를 깊이 이해할 수 있기 때문입니다. 이는 인공지능이 이해하거나 예측하기 어려운 인간의 복잡한 감정과 동기를 파악하는 데 중요한 역할을 합니다. 역사는 다양한 문화와 시대적 배경 속에서 인간이 어떻게 행동해 왔는지를 보여 줍니다. 이러한 문화적 통찰은 글로벌화된 현대 사회에서 중요한 능력입니다.

역사 속 사건들은 윤리적 문제와 도덕적 결정을 다루는 많은 사례를 제공합니다. 이는 현대 사회에서 윤리적 판단을 내리는 데 중요한 기준이 됩니다. 또한 역사적 사건들은 변화의 주기와 트렌드를 이해하는 데도 도움을 줍니다. 이를 통해 우리는 미래의 변화를 준비하고 더욱 효과적으로 대응하게 됩니다. 역사 속의 혁신 사례들은 현재와 미래의 문제를 해결하는 데 창의적인 아이디어를 줍니다. 과거의 발명과 발견은 현대 기술 개발에도 영감을 줍니다.

다양한 역사적 사례를 공부하면 예기치 않은 상황에서 유연하게 대응하는 능력을 기를 수 있습니다. 역사는 장기적인 관점을 제공하여 단기적 변동에 휘둘리지 않고 지속 가능한 전략을 수립하게 합니다. 역사에서 배우는 교훈과 패턴은 미래를 대비하고 더 나은 결정을 내리는 데 중요한 자산이 됩니다.

경영이든 개인의 삶이든 통하는 '영원한 지혜'

기술 혁신 시대에 새로운 기술과 트렌드에 적응하는 것도 중요하지만, 그 속에서도 잃지 말아야 할 것이 있습니다. 바로 변화 속에서도 불변하는 가치와 원칙이 존재한다는 진리입니다. 이를 잘 표현하는 고사성어가 바로 '불변응만변不變應萬變'입니다. 이는 '변하지 않는 것만이 모든 변화에 대응할 수 있다'는 뜻으로, 시대를 초월하는 불변의 법칙을 의미합니다. 끊임없이 변하는 세상 속에서도 근본적인 원칙이나 핵심 가치를 지키면서 다양한 상황에 유연하게 대응해야 한다는 것입니다. 이 개념은 동양에서는 오랫동안 철학, 경영, 개인의 삶 등 여러 분야에서 중요한 지침으로 사용되어 왔습니다.

경영에서 불변응만변은 기업의 핵심 가치나 철학이 변하지 않는 가운데, 시장의 변화나 기술 혁신 등 외부 환경의 변화에 유연하게 대응하는 전략을 의미합니다. 예를 들어 고객 중심의 철학을 고수하면서도 디지털 혁신이나 글로벌화에 적응하는 기업들이 이러한 원칙을 잘 따르고 있습니다. 개인의 삶에서도 불변응만변은 중요한 원칙입니다. 개인의 핵심 가치나 신념을 유지하면서도 환경 변화나 인생의 다양한 도전에 유연하게 대응하는 삶의 태도를 갖게 하니까요. 이는 자기 확신과 유연성을 동시에 갖추는 것을 목표로 합니다.

불변응만변이라는 불변의 법칙을 이해하는 인문학적 감각은 '영원한 지혜Eternal wisdom'입니다. 영원한 지혜는 변하지 않는 본질적이고 보편적인 진리를 의미합니다. 이러한 지혜는 시간과 공간을 초월하여 인간의 삶과 사회에 지속적으로 영향을 미칩니다. 철학적·도덕적·문화적 가치들을 포함하며 인류가 오랜 시간 동안 경험하고 축적해 온 지혜입니다. 예를 들어 사랑, 정직, 공감, 정의와 같은 가치들이 이에 속합니다.

변화의 물결 속에서도 변하지 않는 영원한 지혜는 무엇일까요? 그것은 인간의 본성과 관련된 가치들입니다. 예를 들어 사랑, 정직, 용기, 공감과 같은 가치들은 시대를 초월하여 중요한 의미를 지닙니다. 이러한 가치는 인간이 인간답게 살아가는 데 필수적이며, 어떤 변화 속에서도 흔들리지 않는 삶의 지침이 됩니다. 예를 들어 고대 그리스 철학자들의 사상은 오늘날에도 여전히 많은 사람에게 지혜와 통찰을 제공합니다. 플라톤의 이데아론이나 아리스토텔레스의 윤리학은 수천 년이 지난 지금도 변함없는 진리를 담고 있습니다.

실리콘밸리에서도 '영원한 지혜'의 감각을 적용한 사례들이 있습니다. 대표적인 회사로 애플과 구글을 들 수 있습니다. 이 두 기업은 급변하는 기술 산업 속에서도 불변의 가치와 원칙을 유지하면서도 변화에 유연하게 대응하여 성공을 거둔 사례입니다.

애플은 창립 이래로 사용자 중심의 디자인 철학을 불변의 원칙으로 삼았습니다. 스티브 잡스는 '사용자 경험'을 최우선으로 하는 제품을 개발하는 데 주력했습니다. 이러한 철학은 아이폰, 아이패드, 맥북 등의 혁신적인 제품을 통해 일관되게 지켜졌습니다. 애플은 기술 변화에 유연하게 대응하며 새로운 시장을 개척해 왔습니다.[47] 예를 들어 스마트폰 시장이 급성장할 때 아이폰을 출시하여 모바일 혁명을 주도했습니다. 최근에는 웨어러블 기기와 헬스케어 기술을 통합한 애플 워치를 출시하여 건강 관리 분야로 확장을 꾀하고 있습니다. 애플은 자사의 제품을 하나의 생태계로 통합하는 전략을 채택했습니다. 이는 사용자가 애플의 다양한 기기와 서비스를 매끄럽게 이용할 수 있도록 하는 불변의 원칙에 기반한 것입니다. 이로 인해 고객 충성도를 높이고, 지속적인 성장을 이끌고 있습니다.

구글은 '전 세계의 정보를 조직하고, 이를 모두가 접근하고 사용하게 만드는 것'을 사명으로 삼았습니다. 이 사명은 변하지 않는 불변의 원칙으로 구글의 모든 제품과 서비스의 기초가 되었습니다.[48] 검색 엔진, 지도, 번역 서비스 등 다양한 혁신은 이 원칙을 바탕으로 개발되었습니다. 구글은 끊임없이 새로운 아이디어를 실험하고, 실패를 두려워하지 않는 문화를 조성했습니다. 이는 혁신 연구소인 구글 X에서 이루어졌습니다. 자율주행차 프로젝트, 구글글래스, 풍선 인터넷 프로젝트(루니) 등이 그 예입니다. 이러한 유연한 대응은 구글이 기술 변화에 빠르게 적응하고, 새로운 기회를 포착하는 데 큰 역할을 했습니다. 구글은 또한 데이터 기반의 의사결정을 중요시하는 불변의 원칙을 가지고 있습니다. 이는 검색 엔진 알고리즘 개선, 광고 플랫폼 최적화, 사용자 경험 향상 등 다양한 분야에 적용되고 있습니다. 데이터 분석을 통해 사용자의 니즈를 파악하고, 이를 반영한 혁신적인 제품과 서비스를 제공하는 데 주력하고 있습니다.[49]

이 사례들은 기술과 시장의 변화 속에서도 변하지 않는 가치와 원칙을 지키는 것이 얼마나 중요한지를 잘 보여 줍니다. 영원한 지혜는 기업이 위기 상황에서 올바른 결정을 내리고, 장기적인 성공을 거두는 데 필수입니다.

이처럼 '영원한 지혜'라는 인문학적 감각을 가지고 살아간다는 것은 인간의 행동과 사회 변화에 대한 깊은 통찰을 갖는다는 의미입니다. 인간의 본성과 사회적 구조는 시간이 지나도 본질적으로 변하지 않습니다. 따라서 과거의 사건들과 그에 대한 인간의 반응을 분석함으로써 유사한 상황이 미래에 발생했을 때 어떤 결과를 초래할지 예측할 수 있습니다. 이러한 인문학적 감각은 우리가 변화하는 세상에서도 흔들리지 않고 올바른 결정을 내리도록 도와줍니다.

삶의 의미와
정체성을 만드는 이야기

지금은 의미를 찾고, 의미를 만들어야 합니다.
그 의미가 담긴 스토리를 만들어 그 세계를 실제로 그려내고
그것을 사람들에게 제시할 수 있는 사람,
지금부터는 그런 사람이 진정한 인재입니다.

- 야마구치 슈(경영 컨설턴트)

무시당하는 개인의 경험

오늘날 우리는 많은 선택지와 가능성 속에서 살아가고 있습니다. 하지만 이러한 풍요로움이 항상 긍정적인 것은 아닙니다. 우리는 언제 어디서나 스마트폰으로 정보를 얻고, 소셜 미디어로 다른 사람들과 연결되어 있습니다. 그러나 이러한 정보의 과부하는 과도한 선택의 부담을 안기고, 무엇이 진실이고 무엇이 중요한지 판단하기 어렵게 만듭니다. 정보의 과부하와 빠른 변화

는 자신이 누구인지, 무엇을 원하는지에 대한 혼란을 일으켜 개인의 정체성과 삶의 의미를 찾기 어렵게 만듭니다. 특히 디지털 시대의 도래는 우리의 사회적 관계와 자아 인식을 변화시켰습니다. 소셜 미디어는 우리의 일상을 공개적이고 비교 가능한 것으로 만들며, 이는 종종 자기 회의와 불안을 초래합니다. 이러한 상황에서 우리는 무수한 정보와 빠른 변화 속에서 '의미 상실'을 경험하게 됩니다.

미국의 사회 비평가 크리스토퍼 라쉬Christopher Lasch는 현대인의 정체성이 외부의 인정과 물질적 성취에 의존하면서 진정한 의미와 가치를 찾기 어려워진다고 설명합니다. 인공지능과 같은 기술은 이러한 자기중심주의를 더욱 강화하는 측면이 있습니다.[50] 예를 들어 소셜 미디어 알고리즘이 개인이 더 많은 '좋아요'와 팔로워를 얻기 위해 노력하게 만들며, 외부의 인정에 더욱 의존하게 만든다고 설명합니다. 이로 인해 개인은 자신의 내면적 가치를 찾지 못합니다.

과거에는 비교적 안정적인 사회 구조와 전통이 우리의 정체성을 규정해 주었습니다. 하지만 현대 사회에서는 변화의 속도가 너무 빨라 우리의 정체성은 끊임없이 재구성되고 있습니다. 그래서 폴란드 출신의 사회학자 지그문트 바우먼Zygmunt Bauman은 현대 사회를 '액체 근대Liquid Modernity'로 묘사했습니다. 그는 고정된 구조와 안정된 가치관이 사라지고, 유동적이고 불안정한 상태가 계속되는 현대 사회에서 개인이 겪는 혼란과 불안을 강조했습니다. 바우먼에 따르면, 우리는 일관된 정체성과 확고한 의미를 찾기 어려운 시대에 살고 있습니다.[51]

세계적인 석학인 영국의 대표적 사회학자 앤서니 기든스 Anthony Giddens도 유사한 견해를 가지고 있습니다. 현대 사회에서는 전통적인 사회 구조가 약해지면서 개인이 자신의 정체성을 스스로 만들어 가야 합니다. 현대인은 그래서 끊임없이 자신의 정체성을 스스로 구성해야 하고 나아가 지속적으로 재구성해야 합니다. 이를 '자기 반성적 프로젝트The Reflexive Project of the Self'라고 부르며 개인이 자신의 삶을 계획하고, 행동을 평가하며, 새로운 정보를 받아들여 자신의 정체성을 끊임없이 재조정하는 과정을 의미합니다. 자신의 삶을 자율적으로 선택하고 구성할 수 있는 자유를 의미하지만, 동시에 더 큰 불확실성과 혼란 또한 뒤따릅니다.

인공지능의 발전은 우리의 삶에 편리를 가져다주었지만, 동시에 새로운 숙제도 안겼습니다. 인공지능은 인간의 일자리를 대체하고, 인간의 역할을 축소하는 경향이 있습니다. 이는 개인이 자신의 가치를 느끼기 힘든 상황을 초래하며, 삶의 의미를 상실하게 만듭니다. 또한 인공지능은 데이터에 기반한 결정을 내리기 때문에 인간의 감정과 주관적인 경험을 고려하지 않는 경우가 많습니다. 그래서 인간의 고유한 경험과 의미를 무시하는 결과를 내놓을 수 있습니다.

집단의 구성원이 아닌 개인의 '이야기'

공동체가 분화하고 개인이 중심이 되어 살아가는 현대 사회에서는 개인의 이야기가 중요해지고 있습니다. 우리는 더 이상 하나의 집단에 속한 구성원으로서만 자신의 정체성을 규정하지 않습니다. 대신, 각자 자신의 고유한 이야기를 구성하며, 이를 통해 자신을 이해하고 타인에게 자신을 설명하는 과정을 거칩니다. 이러한 변화는 디지털 시대와 맞물려 더욱 가속화되고 있습니다. 인터넷과 소셜 미디어는 개인이 자신의 이야기를 자유롭게 표현하고 공유할 수 있는 무대를 제공합니다. 하지만 동시에 이 과정에서 우리는 자아 정체성과 삶의 의미를 스스로 찾아야 하는 과제를 안게 됩니다.

디지털 시대와 인공지능의 발전 속에서 현대인들은 삶의 진정한 의미와 정체성을 찾기 위해 고군분투합니다. 이를 위해서는 무엇보다 외부의 인정과 물질적 성취에 의존하지 않고, 자신의 내면적 가치를 찾기 위해 애써야 합니다. 소셜 미디어와 정보의 과부하 속에서 자신을 잃지 않도록 주의해야 합니다. 이처럼 현대 사회에서는 자신의 정체성을 스스로 재구성하는 노력을 개인에게 요구하는데, 이 과정에서 중요한 역할을 하는 도구가 있습니다. 바로 '이야기'입니다.

현대인들은 아주 어린 시절부터 부모의 기대, 사회와 교육의 규율, 성적 지상주의에 의해 건강하고 독립적인 자아를 형성하기 어렵습니다. 공동체를 유지하고 구성원들에게 삶의 의미를 제공해 주었던 대서사가 부재한 시대에는 삶의 의미를 개인 스스로 찾아야 합니다. 그래서 공연제작자인 데런 브라운Derren Brown 같은 사람은 현대인들이 공허함을 느끼고 우울과 불안에 시달리는 이유가 우리에게 나만의 삶을 개척하는 능력이 부족하기 때문이라고 주장합니다. 데런 브라운은 이를 '저작권Authorship 의 부재'로 설명합니다. 그는 각자 자기 삶의 저작권을 되찾고 의식적으로 자신의 이야기를 주도적으로 쓰기 시작할 때 비로소 부정적인 감정에서 벗어나고 진정한 행복을 얻을 수 있다고 강조합니다.[52]

이처럼 이야기는 단순한 정보 전달의 수단을 넘어, 인간의 삶에 깊은 영향을 미치는 중요한 도구입니다. 이야기 구조는 인간이 세상을 이해하고 의미를 부여하는 기본적인 방식 중 하나입니다. 개인과 집단의 정체성은 이야기의 형성과 전달을 통해 구축됩니다. 이야기를 통해 우리는 세상을 이해하고, 자신과 타인의 경험을 공감하며, 복잡한 개념을 쉽게 전달할 수 있습니다. 또한 이야기는 문화적 전통을 전수하고, 사회적 규범을 전달합니다. 민담, 신화, 전설 등은 세대를 넘어 전해지며, 사회의 가치와 규범을 전달합니다. 이야기는 또한 개인의 경험과 감정을 표현하는 수단으로, 사람들 간의 공감을 형성하고 사회적 유대를 강화합니다. 인간은 이야기를 통해 자신의 경험을 구조화하고, 그 경험에 의미를 부여하며, 이를 통해 자신을 이해하고 타인과 소통합니다.

인류 역사의 오래된 이야기인 신화는 거대한 정신적 원형의 역할을 합니다. 즉, 이야기와 내러티브는 문화적 전통과 지식을 전수하는 중요한 수단입니다. 민담, 신화, 전설 등은 세대를 넘어 전해지며, 사회의 가치와 규범을 전달합니다. 각 문화는 고유의 이야기 방식을 가지고 있으며, 이를 통해 문화적 특수성을 유지하고 발전시킵니다. 신화 속 이야기는 사회적 상호작용을 촉진하며, 공동체의 결속을 강화합니다. 이야기 공유는 공통의 경험을 형성하고, 공동체 구성원 간의 이해와 공감을 증진합니다. 이야기 속의 공통된 주제와 교훈은 집단 내에서 일체감을 느끼게 하고, 공동의 목표를 추구하는 데 기여합니다.[53]

이처럼 이야기는 인간에게 많은 영향을 미칩니다. 하지만 현대 자본주의와 디지털 세계에서는 이런 공동체를 지탱해 주는 이야기가 더 이상 존재하지 않습니다. 현대인이 공허하고 불안한 이유는 여기에 있습니다. 바로 거대한 이야기인 대서사의 부재 속에서 스스로 이야기를 만들어야 하는 실존적 위기에 빠져 있기 때문입니다.

앤서니 기든스는 이러한 맥락에서 개인이 스스로 자신의 이야기를 구축해야 한다고 보았습니다. 그는 의미 없이 살아가는 현대인에게 내러티브 정체성Narrative identity이 필요하다고 합니다. 그것은 개인이 자신의 삶을 이야기로 엮어 내면서 자신의 정체성을 형성하고 유지하는 과정을 의미합니다.[54] 내러티브 정체성은 우리가 단순히 과거의 경험을 나열하는 것이 아니라, 그 경험에 의미를 부여하고 현재의 상황과 미래의 목표를 통합하여 일관된 자기 이야기를 형성하는 과정입니다. 이를 통해 우리는 자신을 더욱 깊이 이해하고, 타인과의 관계에서도 명확한 자기 정체성을 드러낼 수 있습니다.

이처럼 '이야기'는 우리가 생각하는 것 이상으로 많은 역할을 합니다. 인류의 역사를 보면 언제나 이야기는 우리 곁에서 끊임없이 전해지고 재생산됐습니다. 그래서 인간은 이야기하는 사람인 '호모 나랜스Homo Narrans'라고 불리기도 합니다. 미국의 작가 존 닐John D. Niles은 호모 나랜스라는 개념을 통해 인간을 이야기하는 존재로 정의했습니다. 호모 나랜스는 디지털 공간에서 텍스트, 이미지, 동영상 등을 통해 자신의 이야기를 생산하고 공유하는 이들을 가리키는 '이야기하는 사람'이라는 뜻의 라틴어입니다. 이는 인간이 이야기하려는 본능이 있고, 이야기를 통해 사회를 이해한다는 점을 강조합니다. 즉, 인간은 이야기를 통해 자신과 세상을 이해하고, 사회적 유대를 형성하며, 문화적 전통을 이어 가는 특성이 있습니다. 이야기 구조는 인간이 세상을 이해하고 의미를 부여하는 기본적인 방식 중 하나입니다.[55]

인공지능 시대에는 각자 자기 삶의 이야기를 만들어 가야 합니다. 이 과정은 단순히 과거를 돌아보고 현재를 이해하는 데 그치지 않고, 미래를 계획하고 상상하는 창조적인 과정입니다. 이야기를 통해 우리는 삶에 의미를 부여하고, 자신을 이해하며, 타인과의 관계를 형성합니다. 이 과정은 우리의 정체성을 강화하고, 삶을 더 풍요롭게 만듭니다. 인간은 이야기하는 존재로, 이야기를 통해 자신을 이해하고 세상과 소통하며 더 나은 미래를 만들어 갈 수 있습니다. 인공지능이 발전하더라도 이야기는 우리의 정체성과 삶의 의미를 찾는 데 중요한 역할을 할 것입니다. 우리가 진정한 의미와 가치를 찾으려 할 때, 이야기는 가장 강력한 도구가 될 것입니다. 이야기 속에서 우리는 자신의 삶을 다시 바라보고, 새로운 의미를 발견하며, 더 풍요롭고 충만한 삶을 살아갈 수 있습니다.

데이터에서 의미를 만드는 서사적 통찰력

우리는 통계보다 한 개인의 경험이나 이야기에 더 쉽게 공감하고, 강렬한 인상을 받습니다. 특히 정보 과잉 시대에는 이야기를 만드는 스토리텔링Storytelling 능력이 더욱 중요합니다. 현상을 이해하는 것에서부터 다른 사람들에게 영향을 주고 차이를 만드는 능력까지, 인공지능 시대에 더욱 높은 가치를 만드는 일들입니다.

인공지능 시대는 단순한 데이터나 정보를 넘어서 의미 있는 이야기를 통해 복잡한 개념을 설명하고, 문화적 맥락을 이해하며, 인간 중심의 기술 발전을 가능하게 하는 능력이 매우 중요합니다. 숫자와 통계는 종종 맥락 없이 제공될 수 있고, 이조차 편향이 담기면 왜곡될 수 있습니다. 그러나 이야기는 맥락을 통해 의미를 명확하게 이해하고 사람들이 더 잘 이해할 수 있도록 돕습니다. 따라서 이야기를 다루는 능력, 즉 '서사적 통찰력^{Narrative Insight}'이 중요해집니다.

'서사적 통찰력'은 단순히 이야기를 구성하는 기술을 넘어서 삶의 다양한 경험과 사건들을 통합하여 일관된 의미와 목적을 부여하는 능력을 말합니다. 인간은 본래 이야기하는 존재입니다. 우리는 이야기를 통해 과거를 이해하고, 현재를 해석하며, 미래를 예측합니다. 이러한 과정에서 우리는 자신의 정체성을 형성하고, 삶의 의미를 찾습니다. 서사적 통찰력은 자신의 삶을 하나의 이야기로 볼 수 있게 하며, 이를 통해 자신의 경험과 감정을 더 깊이 이해하고, 의미를 부여할 수 있게 합니다.

실리콘밸리의 대표적인 '퍼지'들은 이 지혜를 잘 알고 있었습니다. 좋은 이야기는 청중의 감정을 자극하고, 많은 사람의 관심을 끌며, 복잡한 제품의 기능을 쉽게 이해하도록 돕습니다. 나아가 비싼 가격을 지불해야 하는 심리적 당위성을 제공합니다.

애플은 'Think Different(다르게 생각하라)'라는 슬로건을 통해 혁신과 창의성을 강조하는 강력한 서사를 구축했습니다. 스티브 잡스는 애플의 제품을 단순한 전자기기가 아니라 사람들의 삶을 변화시키는 도구로 보았습니다. 그는 애플의 제품들이 사람들의 창의성을 발휘하게 하고, 더 나은 세상을 만드는 데 어떻게 기여할 수 있는지에 대한 이야기를 만들어 냈습니다. 이 이야기는 애플의 브랜드 정체성을 형성하고 전 세계 소비자들에게 깊은 인상을 남겼습니다.

애플의 성공은 단순히 기술적인 우수성이 아니라, 사람들에게 영감을 주고 그들의 삶을 풍요롭게 하는 이야기를 만들어 낸 데 있습니다. 이는 현대 사회에서 정체성의 혼란을 겪는 사람들에게 중요한 교훈을 줍니다. 이야기를 통해 우리는 자신의 삶을 재해석하고, 그 속에서 새로운 의미를 발견할 수 있습니다.

애플의 스토리텔러인 스티브 잡스의 제품 발표회는 기술 설명회라기보다는 종교적 분위기를 풍기기도 합니다. 그는 애플의 제품을 구입하고 사용하는 것이 현대인들에게 삶을 가치 있게 하는 행위임을 각인시켰습니다. 과거 구술문화 시대의 이야기꾼들이나 중세 이후 종교 지도자들이 그랬던 것처럼, 영적인 이야기와 노래로 공동체의 역사와 가치를 전하는 듯한 분위기를 풍겼습니다.

구글의 경우도 마찬가지입니다. 구글의 사명은 '세계의 정보를 조직하고, 모두가 접근할 수 있도록 하며, 유용하게 만드는 것'입니다. 구글은 검색 엔진을 통해 사람들이 정보를 쉽게 찾을 수 있도록 돕는다는 명확한 이야기를 가지고 있습니다. 이 이야기는 구글의 모든 제품과 서비스의 중심에 자리 잡고 있으며, 이를 통해 구글은 전 세계 사람들에게 필수 도구로 자리 잡았습니다. 구글의 이야기는 단순한 기술 제공을 넘어서 사람들에게 지식과 정보를 통해 삶을 개선할 가능성을 제시했습니다.

테슬라는 '지속 가능한 에너지로의 전환을 가속화한다'는 사명이 있습니다. 일론 머스크는 테슬라의 전기차와 에너지 솔루션을 통해 세계를 더 지속 가능하게 만들겠다는 강력한 이야기를 전파하고 있습니다. 테슬라의 이야기는 단순한 자동차 제조를 넘어서, 환경 보호와 혁신적인 기술 개발로 인류의 미래를 바꾸겠다는 비전을 담고 있습니다. 테슬라는 이 강력한 이야기로 소비자들에게 새로운 가능성을 제시하고, 전통적인 자동차산업의 혁신을 도모하고 있습니다.

서사적 통찰력은 인공지능 시대에 데이터의 맥락화, 문화적 민감성, 윤리적 고려, 창의성, 인간 중심의 발전 등 다양한 측면에서 중요한 역할을 합니다. 이 능력은 단순한 기술적 기능을 넘어, 인간과 기술의 조화를 이루는 데 필수적입니다. 인공지능이 인간의 삶을 더 나은 방향으로 이끌기 위해서는 서사적 통찰력이 강화되어야 합니다. 이는 인공지능이 단순히 데이터를 처리하는 기계가 아닌, 인간의 경험과 가치를 반영하고 증강하는 도구의 역할을 하도록 합니다.

이처럼 뛰어난 퍼지들은 더 멋진 서사적 통찰력을 활용해 사람들에게 충격을 주거나 감동을 주는 방식으로 제품과 서비스에 이야기를 담을 것입니다. 따라서 인공지능 시대에는 서사적 통찰력을 통해 인간적인 요소를 유지하고, 기술의 발전으로 우리의 문화적·정서적 경험을 풍부하게 하는 것이 중요합니다. 이야기는 제품과 서비스가 그저 단순한 도구가 아닌, 인간의 삶을 이해하고 개선하는 데 중요한 역할을 하도록 돕기 때문입니다.

차이를 만드는 인간다움

우리가 직면한 여러 막중한 문제에 대한 해결책을 찾으려면
'코딩'뿐 아니라 '인간적 맥락'에 대한 이해가 필요하다.

– 스콧 하틀리(벤처 캐피털리스트 및 스타트업 자문가)

인간의 고유성이 사라지고 있다

"역대 최악의 광고Worst commercial ever."[56]

이는 2024년 애플이 공개한 새로운 아이패드 'Crush!' 광고에 대한 어느 언론의 평가입니다. 대중의 취향을 정확히 꿰뚫기로 유명한 애플이 감을 잃었다며 공개 하루 만에 엄청난 역풍을 맞았습니다. 토르 마이런Tor Myhren 애플 마케팅 커뮤니케이션 부사장은 글로벌 광고 전문 매체 애드에이지를 통해 아이패드 광고 논란에 대해 사과했습니다. 마이런 부사장은 다음과 같이 설명합니다.

> "창의성은 애플의 DNA이며, 전 세계 창작자에게 힘을 실어 주는 제
> 품을 디자인하는 것은 우리에게 매우 중요한 일입니다. (중략) 우리의
> 목표는 사용자가 아이패드를 통해 자신을 표현하고 아이디어를 실
> 현하는 많은 방식을 기념하는 것인데, 이번 광고에선 이 목표를 놓
> 쳐서 죄송합니다."[57]

문제의 광고는 아이패드 프로의 성능과 혁신성을 강조합니다. 광고의 내용은 피아노, 기타, 카메라 등 다양한 창작 도구들이 유압 프레스에 의해 압착되는 모습을 보여 줍니다. 결국 모든 도구가 완전히 파괴된 후, 얇은 아이패드 프로 기기만 남는다는 것을 시각화했습니다. 광고의 의도는 아이패드 프로가 기존의 모든 창작 도구를 대체할 수 있는 강력한 기기임을 표현하는 것이었지만, 이는 많은 이들에게 반감을 불러일으켰습니다.

애플의 'Crush!' 광고는 기술이 인간의 창의성과 고유성을 위협할 수 있다는 중요한 경고를 담고 있습니다. 많은 사람이 이 광고의 전통적인 창작 도구들의 파괴를 인간의 창의성과 예술적 표현의 중요성을 경시하는 행위로 받아들였습니다. 이 광고는 기술이 예술과 창작의 영역에서 인간의 고유성을 어떻게 위협할

수 있는지를 단적으로 보여 줍니다.

인공지능이 점점 더 많은 업무를 자동화하고 효율성을 높이는 시대에, 인간의 고유한 능력과 잠재력을 최대한 발휘하는 것은 매우 중요합니다. 그러나 인공지능의 발전은 오히려 인간 고유의 창의적 에너지를 감소시키는 측면을 가지고 있습니다.

자동화 기술이 발전하면서 많은 일상적인 작업이 기계에 의해 처리되고, 사람들은 창의적으로 문제를 해결하기보다는 시스템에 의존하게 됩니다. 이로 인해 창의적 사고를 할 기회가 줄어듭니다. 또한 인터넷과 인공지능 덕분에 우리는 방대한 정보를 빠르게 얻을 수 있지만, 그만큼 주의력이 분산되고 깊이 생각할 시간이 줄어듭니다. 정보의 양이 중요시되면서 창의적인 에너지가 감소하고 있습니다. 기술을 과도하게 사용하면 우리의 기억력과 사고 능력도 약해질 수 있습니다.

무엇보다 현대 사회의 빠른 속도와 치열한 경쟁 속에서 많은 사람이 스트레스와 불안을 경험합니다. 코르티솔Cortisol 같은 스트레스 호르몬이 지속적으로 분비되어 기억력과 학습 능력에 부정적인 영향을 미칩니다. 코르티솔은 뇌의 전두엽 피질의 활동을 억제합니다. 스트레스 상황에서 도파민 수용체가 과도하게 활성화되어 작업 기억과 같은 고차원적 인지 기능을 떨어뜨리기 때문입니다. 특히 디지털 기기들이 불러오는 과도한 도파민 활성은 주의 집중과 작업 기억 능력을 저하한다는 연구도 있습니다. 나아가 창의적 사고에 필요한 자유로운 사고와 유연성이 억제되며, 동시에 창의적 활동에 필요한 동기부여와 긍정적인 정서 상태를 감소시킵니다.[58]

무엇보다 우리의 교육 시스템은 여전히 창의적 사고보다는 표준화된 시험과 결과에 중점을 두고 있습니다. 규격화된 교육 방식은 학생들이 창의적으로 생각하고 문제를 해결하는 능력을 기르기보다는 정해진 답을 찾는 데 집중하게 만듭니다. 이는 장기적으로 창의적 사고 능력을 감소시킵니다. TED(기술Technology, 엔터테인먼트Entertainment, 디자인Design을 의미하며, 기술·예술·감성이 어우러진 세계적인 강연회) 역사상 가장 많이 조회된 강연 〈학교는 창의성을 죽이는가?〉의 주인공 교육학자 켄 로빈슨Ken Robinson은 표준화된 교육이 천편일률적인 접근 방식으로 학생들의 잠재력과 창의성을 발휘할 수 있는 다양한 가능성을 제거한다고 비판하고 있습니다.[59]

이처럼 인공지능 시대는 우리의 창의적 에너지를 방해하는 여러 구조를 형성하고 있습니다. 우리는 이러한 도전에 맞서 인간의 고유한 능력을 최대한 발휘하기 위해 노력해야 합니다. 창의적 사고를 촉진하는 환경을 조성하고, 기술에 의존하기보다는 스스로 생각하고 문제를 해결하는 능력을 키워야 합니다.

인간의 고유성은 단순한 기술적 능력 이상을 의미합니다. 이는 인간의 경험, 감정, 문화적 배경 그리고 개인적인 이야기를 통해 표현됩니다. 이러한 고유성은 인생에 깊이와 의미를 부여하며, 다른 사람들과의 공감을 가능하게 합니다. 기술이 발전하면서 이러한 인간의 고유성이 점점 더 중요해지고 있습니다. 기술은 인간의 창의성을 보완하고 증강할 수 있지만, 결코 대체할 수는 없습니다. 기술은 도구일 뿐이며, 궁극적으로 중요한 것은 이를 사용하는 인간의 창의성과 감수성입니다. 인공지능 시대에도 인간의 고유성을 지키기 위해 우리는 끊임없이 노력해야 합니다.

인간의 고유한 능력, 상징적 사고

인간의 고유성이 강조되는 인공지능 시대는 역설적으로 인간이 고유성을 유지하기 어려운 구조적 특징을 가지고 있습니다. 그래서 우리는 어떤 측면이 가장 인간의 고유한 특성인지, 그리고 인공지능 시대에 요구되는지를 이해할 필요가 있습니다.

인간은 다른 동물과 구별되는 여러 독특한 능력을 지니고 있습니다. 그중에서도 '상징적 사고'는 인간의 인지와 문화적 활동의 중심에 있는 고유한 능력으로, 우리가 세상을 이해하고 내적 경험을 표현하는 데 중요합니다.

인류의 상징적 사고의 증거는 선사 시대의 동굴 벽화, 조각품 그리고 의식 도구에서부터 기원을 찾을 수 있습니다. 예를 들어 프랑스의 라스코 동굴 벽화는 약 1만 7천 년 전의 것으로, 동물과 인간의 그림을 통해 상징적 의미를 전달하고자 했습니다. 이러한 예술품들은 단순한 그림을 넘어, 당시 인간의 사고와 생활 방식을 반영하는 중요한 상징적 표현입니다.

중세 시대 기독교의 십자가, 『성경』의 이야기와 예술품들은 모두 상징을 통해 교리를 전달하는 도구였습니다. 나아가 근대의 과학, 철학, 문학, 정치 등의 영역도 상징적 사고에 의해 고안되었고 이를 통해 인간의 내면과 사회적 현실을 밝히는 데 도움을 주었습니다. 그래서 철학자 에른스트 카시러Ernst Cassirer는 인간을 '상징적 동물'로 정의하며, 상징적 사고가 인간의 본질적 특징이며 사고 구조와 문화적 표현의 핵심이라고 주장하였습니다. 결국 상징적 사고는 우리가 누구인지를 정의하고, 우리의 경험과 이해를 확장하는 본질적인 능력입니다.

즉, '상징적 사고'는 인간이 기호나 상징을 사용하여 복잡한 개념을 표현하고 이해하는 능력입니다. 이 능력은 단순히 기호를 인식하는 것을 넘어, 기호에 의미를 부여하고 그 의미를 통해 추상적 사고를 할 수 있는 것을 말합니다. 상징적 사고는 언어, 예술, 종교, 과학 등 다양한 문화적 표현의 기초가 됩니다.

이러한 상징적 사고는 인류의 역사와 문화를 형성하고 발전시키는 원동력으로 작용해 왔습니다. 인공지능 시대에도 마찬가지로 인간의 고유성을 지키고 새로운 기회를 만들어가는 데 중요한 역할을 할 것입니다.

인공지능은 방대한 양의 데이터를 분석하고 패턴을 인식하는 데 뛰어난 능력을 갖추고 있지만, 인간의 상징적 사고 능력을 완전히 대체할 수는 없습니다. 상징적 사고는 인간의 고유한 특성 중 하나로, 기호와 그 기호의 다층적 의미를 이해하고 새로운 상징을 만드는 능력을 포함합니다.

상징적 사고는 우리가 자신의 내면을 더 깊이 이해하고, 개인적인 성장과 변화를 촉진할 수 있도록 도와줍니다. 예술가들은 상징을 통해 감정을 표현하고, 과학자들은 상징적 모델을 통해 복잡한 현상을 이해합니다. 이러한 상징적 사고는 인공지능이 처리하기 어려운 인간 고유의 고차원적 영역입니다. 따라서 인공지능 시대에도 상징적 사고의 중요성은 더욱 부각되고 있습니다. 상징적 사고는 우리의 삶에 깊이 잠재되어 있으며, 이는 인공지능이 제공하는 기술적 진보와 함께 인간다움을 유지하게 합니다.

상징적 사고는 다른 문화에 대한 깊이 있는 이해를 돕기도 합니다. 인간의 언어와 행동에는 많은 상징적 의미가 담겨 있습니다. 그래서 문화적 상징은 공동체의 정체성을 형성하고 유지하는 데 중요한 역할을 합니다. 예를 들어 하나의 나라는 국기, 국가, 전통 의식 등을 통해 국민의 정체성을 강화하고, 사회적 결속을 증진합니다. 미술관과 박물관을 방문하는 것은 이러한 문화적 상징과 표현을 이해하고 우리의 문화적 유산을 존중하며 보존하는 중요한 활동입니다.

글로벌 기업이 현지 문화와 상징을 이해하고 존중하는 것은 기업의 이미지와 신뢰도를 높이는 데 도움이 됩니다. 현지의 문화적 상징과 전통을 이해하면 제품이나 서비스를 현지화 Localization하기 쉽습니다. 보다 효과적인 마케팅 전략을 수립할 수도 있습니다. 글로벌 기업들은 여러 나라의 문화적 특성을 반영한 광고를 통해 글로벌 브랜드로서의 입지를 강화했습니다. 특정 국가의 전통 축제나 상징을 활용한 광고는 현지 소비자들에게 강한 인상을 남깁니다. 페이스북은 인도에서 성공적인 현지화 전략을 펼쳤습니다. 디왈리 축제 기간 동안 디왈리와 관련된 스티커와 테마를 도입하여 현지 사용자들에게 큰 호응을 얻었습니다.[60] 이는 단순한 기능 제공을 넘어서 현지 문화를 존중하는 태도로 인식되었습니다.

구글은 '구글 두들Google Doodles'을 통해 다양한 문화적 상징과 기념일을 기억합니다. 예를 들어 구글 두들은 전 세계의 다양한 기념일과 인물들을 기념하기 위해 로고를 변경합니다. 이는 사용자들에게 해당 기념일의 의미를 전달하고, 그들의 문화를 존중하는 모습을 보여 줍니다. 이와 같은 구글 두들은 사용자들 사이의 이해와 공감을 키우며, 전 세계 사람들이 서로의 문화를 존중하고 배울 기회를 제공합니다.[61] 이러한 상징적 표현은 글로벌 기업으로서 구글의 역할을 강화하며, 다양한 문화적 배경을 가진 사용자들 사이의 연결을 촉진합니다.

글로벌 기업들이 다른 문화의 상징을 이해하고 이를 존중하는 것은 단순한 비즈니스 전략이 아니라, 글로벌 사회에서의 책임 있는 행위입니다. 이를 통해 기업은 현지 시장에서 성공을 거둘 뿐만 아니라, 글로벌 사회에서 신뢰와 존경을 받을 수 있습니다. 이러한 문화적 이해와 존중은 결국 기업의 장기적인 성장과 지속 가능성을 보장하는 중요한 요소입니다.

차이를 만드는 휴먼 스파크

인공지능 시대에 접어든 오늘날 기술적 진보에도 불구하고, 인간의 고유한 특성인 창의성과 직관, 감성은 여전히 인공지능과 인간을 구별하는 중요한 요소로 남아 있습니다. 이 특성들은 인류 역사에서 혁신과 발전의 원동력이 되어 왔으며 예술과 과학, 기술과 문화를 초월하여 다양한 분야에서 중요한 역할을 해 왔습니다.

『창조적 지성』의 저자 브루스 누스바움Bruce Nussbaum은 창의성과 인공지능의 상호 보완성을 강조하며, 인간의 창의성이 인공지능의 능력과 결합할 때 시너지 효과를 발휘할 수 있다고 주장합니다. 인공지능은 방대한 데이터를 분석하고 패턴을 찾아내는 데 뛰어나며, 인간은 이를 바탕으로 창의적이고 혁신적인 결정을 내릴 수 있습니다.[62] 이에 대한 사례는 콘텐츠 제작입니다. 인공지능은 소비자가 선호하는 콘텐츠 유형을 분석하여 콘텐츠 제작자에게 통찰을 제공합니다. 예를 들어 인공지능은 유튜브 동영상의 시청 패턴을 분석하여 어떤 주제와 형식이 인기 있는지

파악하고, 콘텐츠 크리에이터는 이를 반영하여 창의적이고 매력적인 동영상을 제작할 수 있습니다.

도시경제학자 리처드 플로리다Richard Florida의 논의도 인상적입니다. 리처드 플로리다는 창조적 계급을 과학자, 엔지니어, 예술가, 디자이너, 작가 등 창의적이고 혁신적인 직업에 종사하는 사람들로 정의합니다. 이들은 새로운 아이디어를 떠올리고 문제를 해결하며, 경제적 가치를 만드는 데 중요한 역할을 합니다.[63] 인공지능 시대에도 이러한 창조적 계급은 혁신의 핵심 동력이며 새로운 기술과 아이디어를 개발하고, 이를 통해 경제 성장을 촉진합니다. 그래서 플로리다도 기술과 인간의 협력이 창의성과 혁신을 증진시킨다고 주장합니다. 인공지능은 인간의 인지적 한계를 보완하고 반복적이고 정형화된 작업을 자동화합니다. 반면, 인간은 창의적이고 비정형적인 문제 해결 능력이 있습니다. 인공지능과 인간이 협력할 때 더 높은 수준의 창의성과 혁신을 달성할 수 있는 이유입니다.

인공지능 시대에 요구되는 인간 고유의 이런 고차원적인 능력을 '휴먼 스파크Human Spark'라고 합니다. '휴먼 스파크'라는 표현은 인간만이 가진 창의력, 감성, 직관 등 인간을 다른 존재와 특히 인공지능과 구별하는 유일무이한 특징을 의미합니다.

'Spark'는 불꽃이나 불똥을 의미하며, 이는 인간의 내면에서 비롯되는 창의적 에너지와 영감을 상징합니다.

휴먼 스파크의 주요 특징은 창의력, 직관, 감정과 공감, 도덕적 판단, 혁신적 사고 등입니다. 대표적인 특징인 창의성과 직관력을 갖추기 위해선 다차원적 접근, 과정 지향적 사고, 환경과 맥락의 중요성 인식, 역동성과 유연성을 강조하는 것이 필요합니다. 창의성을 이해하고 수용하는 것은 개인과 조직의 성공에 중요한 요소입니다. 개방적 사고 유지, 다양한 경험 추구, 협력과 네트워킹, 정기적인 반성 및 피드백, 창의적 습관 형성 등을 통해 창의성을 육성할 수 있습니다. 이러한 접근은 현대 사회에서 창의적 잠재력을 극대화하는 데 도움이 됩니다.

경험과 직관이 빚어낸 대체 불가한 지식, 암묵지

'암묵지Tacit knowledge'는 개인이 경험과 직관을 통해 습득한 지식을 말합니다. 한마디로 명시적으로 설명하거나 문서로 만들기 어려운 지식을 의미합니다. 과학자이자 철학자인 마이클 폴라니Michael Polanyi는 "우리는 말할 수 있는 것보다 더 많이 안다We know more than we can tell."라는 유명한 구절을 통해 암묵지의 본질을 설명합니다. 이는 지식의 일부가 언어로 명확하게 표현되지 않고,

경험과 실천을 통해 몸에 배어 있는 형태로 존재한다는 것을 의미합니다.[64]

암묵지는 언어로 명확하게 표현되지 않습니다. 이는 직관적이고 감각적인 지식이어서 글로 기록하거나 전수하기 어렵습니다. 주로 개인의 경험과 실천을 통해 습득됩니다. 이는 체험적 학습을 통해 형성되는 지식입니다. 암묵지는 직관이나 감각을 통해 이해됩니다. 그래서 암묵지는 논리적 추론보다는 직관적 판단에 의존합니다. 특정 상황이나 맥락에 깊이 의존합니다. 특정 환경에서만 유효한 지식일 수 있습니다.

암묵지는 크게 두 가지 유형으로 나눌 수 있습니다. 하나는 기술적 암묵지Technical tacit knowledge로 특정 기술이나 작업을 수행하는 방법에 관한 지식입니다. 예를 들어 자전거 타는 법, 악기 연주법, 요리 기술 등이 포함됩니다. 또 다른 하나는 인지적 암묵지 Cognitive tacit knowledge로 직관적 이해와 판단, 신념, 인식의 형태로 나타나는 지식입니다. 예를 들어 특정 상황에서의 직관적인 결정, 창의적 아이디어 생성 등이 포함됩니다.

폴라니는 과학적 지식이 전적으로 객관적이지 않다고 주장합니다. 연구자의 신념, 직관, 경험 등이 과학적 발견 과정에 영향을 미치니까요. 폴라니는 지식이 전체적으로 이해되어야 한다고 주장합니다. 이는 개별적인 사실이나 정보가 아닌, 전체적인 맥락과 경험을 통해 지식을 받아들여야 한다는 것을 의미합니다. 암묵적 지식과 명시적 지식은 상호적이며 통합적으로 작용합니다. 명시적 지식은 암묵적 지식을 통해 이해되고 해석됩니다. 지식은 단순히 머릿속에 있는 것이 아니라, 우리의 신체적 경험과 깊이 연관되어 있습니다. 이는 우리가 세상과 상호작용하면서 습득한 지식이 우리의 신체적 경험으로 강화되고, 이를 통해 더 깊은 이해를 형성한다는 것을 의미합니다.

암묵지는 문제 해결과 혁신을 촉진합니다. 이는 직관적 판단과 경험을 통해 새로운 아이디어를 생성하는 역할을 합니다. 예를 들어, 의사의 진단 경험, 장인의 손끝 감각, 경영자의 직관적 결정 등은 암묵지에 기반한 것이며, 이는 인공지능이 쉽게 대체할 수 없습니다. 인공지능은 데이터를 기반으로 한 분석과 추론에서 뛰어나지만 비슷한 결과를 도출합니다. 차이를 만들어 내야 하는 시대에 인간의 직관적 판단력은 복잡하고 불확실한 상황에서 여전히 중요합니다. 따라서 기업과 경영의 혁신과 효율성을 높이는 데는 직관적 판단력이 필요합니다.

예를 들어 금융 시장은 매우 복잡하고 예측하기 어렵습니다. 다양한 요인들이 서로 얽혀 있으며, 예기치 않은 사건들이 발생할 수 있습니다. 이러한 환경에서는 명시적인 데이터나 공식만으로는 모든 상황을 예측하고 대응하기 어렵습니다. 복잡한 시장 상황에서 빠르고 정확한 판단이 필요할 때, 경험에서 나온 직관이 중요한 역할을 합니다. 경험에서 얻은 암묵지는 투자자가 명확한 데이터가 부족한 상황에서도 올바른 결정을 내리게 합니다. 모든 데이터를 완벽하게 수집하고 분석하는 것은 현실적으로 불가능합니다. 데이터에는 항상 불완전성과 오류가 존재하며, 이러한 상황에서 암묵지는 중요한 보완 역할을 합니다. 데이터만으로는 설명하기 어려운 시장의 미세한 변동을 감지하고 대응할 수 있게 해 줍니다.

투자 분야에서 암묵지는 경험과 직관에서 비롯된 지식으로, 복잡하고 불확실한 시장 환경에서 중요한 역할을 합니다. 데이터의 한계를 보완하고, 비공식적 정보를 활용하며, 시장 심리를 이해하고, 창의적 전략을 개발하도록 해 줍니다. 성공적인 투자자들은 자신의 경험과 직관을 통해 암묵지를 활용하며, 이를 통해 보다 효과적인 투자 결정을 내리고 있습니다.

세계적인 헤지펀드 브리지워터 어소시에이츠Bridgewater Associates의 설립자 레이 달리오Ray Dalio는 뛰어난 투자 전략과 독창적인 경영철학으로 유명합니다. 달리오는 자신의 투자 철학과 경영 원칙을 바탕으로 성공적인 경력을 쌓아 왔으며, 이를 통해 전 세계 투자자들에게 큰 영향을 미쳤습니다. 달리오는 데이터 분석을 중시하지만, 동시에 자신의 경험과 직관을 결합하여 투자 결정을 내립니다. 그는 과거의 경험을 바탕으로 한 암묵지를 데이터와 결합하여 보다 정확한 예측과 결정을 내리는 데 중점을 둡니다. 달리오는 글로벌 경제의 동향을 분석하고 예측하는 데 탁월합니다. 1980년대와 1990년대의 여러 금융 위기를 겪으면서 얻은 통찰을 바탕으로 2008년 위기를 예측하기도 했습니다.[65] 그의 직관은 단순한 데이터 분석을 넘어, 시장의 심리와 행동을 이해하는 데 기반을 두고 있었습니다. 이러한 접근은 그의 암묵지가 실질적인 투자 전략으로 전환된 사례입니다.

이러한 암묵지는 단순히 투자 분야에만 국한되지 않고, 다양한 분야에서 중요한 역할을 합니다. 특히, 암묵지는 휴먼 스파크의 중요한 요소로 작용합니다. 암묵지는 인간의 경험과 직관을 통해 형성된 지식으로, 이는 창의적 문제 해결과 혁신의 근간이 되며, 인간만이 지닌 고유한 지적 능력을 강조합니다. 인간다움을 대표하는 이 특성은 인공지능과의 협력 속에서 인간의 독창성과 통찰력을 더욱 빛나게 하고, 새로운 가능성을 탐구하게 합니다.

3장

나만의 경쟁력,
인문학적
감각 기르기

지금 우리가
해야 할 일

지속적으로 학습하지 않으면 남에게 추월당합니다.
호기심이 많아야 합니다. 아이디어를 고수하면서 실행에 옮겨야 합니다.
대부분 사람은 아이디어를 고수하지 못하거나,
고수하더라도 실행에 옮기지 못합니다.

- 찰리 멍거(버크셔 해서웨이의 부회장)

실리콘밸리 리더들은 왜 이 학교에 자녀를 보낼까?

칠판에 분필로 선생님이 필기하고, 나무 의자에 앉은 아이들이 나무 책상에서 학습하는 교실의 모습입니다. 정면의 시계를 제외하면 전자기기라고는 TV조차 보이지 않습니다. 《뉴욕타임스》는 이런 교실이 있는 학교를 실리콘밸리의 IT 기업 임직원들이 가장 선호하는 곳 중 하나로 꼽았습니다. 이 학교는 바로 실리콘밸리에 있는 발도로프Waldorf 학교입니다.

발도로프 학교의 가장 특별한 점은 이미지처럼 수업에서 디지

털 기기를 전혀 사용하지 않는다는 점입니다. 고등학교 이전까지는 교실에서 스마트폰과 태블릿은 물론이고 컴퓨터나 프로젝터조차 사용하지 않습니다. 이 학교의 학생들은 종이책과 칠판으로 공부하고 친구들과 나무나 흙과 같은 친환경 장난감을 가지고 놀거나 자연 속에서 비도 맞아가며 뛰어노는 것이 주요한 활동입니다.[66]

《뉴욕타임스》는 이 학교를 소개하면서 하이테크 기업에 종사하는 가정일수록 자녀를 디지털 기기로부터 떼어 놓으려 애쓴다는 점을 지적하며 '새로운 기술 격차'에 대한 사회적 현상을 소개했습니다.[67]

발도로프 학교의 연간 등록금은 유치원 기준 3만 4,000달러 (약 2,900만 원), 초등학교 및 중학교는 3만 6,000~3만 7,000달러

(약 3,200만 원), 고등학교는 5만 4,000달러(약 6,000만 원) 정도입니다. 여기에 추가적인 활동비나 등록비가 최소 400달러(약 50만 원)에서 3,000달러(약 400만 원)입니다. IT 기업의 임직원들은 아이들의 교육을 위해 일반 학교와 비교할 수 없이 비싼 학비를 지불함에도 이 학교를 선호합니다.

과거에는 부유층 가정에서 쉽게 노트북, 스마트폰과 같은 디지털 기기를 구입해서 남들보다 더 잘 다루는 방법을 가르쳤고, 저소득층 가정에서는 비용 부담이 큰 탓에 디지털 격차가 발생했습니다. 그러나 이제는 저소득층 가정일수록 디지털 기기를 과다 사용하는 경향이 두드러지게 나타나고 있습니다. 이 기사에서는 미국의 경우 이제는 저소득층일수록 디지털 기기의 사용 시간이 압도적으로 높다고 보도하고 있습니다. 이는 자연스럽게 인간관계를 위한 소통 능력과 사회적 기술의 악화, 사고력 및 인내력 부족과 같은 학업 부진으로 이어져 또 다른 사회경제적 격차를 낳는다고 밝혔습니다. 나아가 앞으로의 시대는 인간관계를 맺는 능력과 같은 사회적 기술이 고부가가치를 낳는 능력이 될 것으로 전망했습니다.

이와 같은 흐름은 실리콘밸리의 대표적인 인물들의 자녀 교육 방식에서도 드러납니다. 아이폰과 아이패드를 만든 애플의 리더

스티브 잡스는 아이패드 출시 당시, 그의 자녀들이 아이패드를 사용하지 않는다고 밝혔습니다. 그는 집에서 저녁 식사 시간에 자녀들과 함께 앉아 책과 음악, 역사 등에 대해 대화하는 시간을 가진다고 했습니다.[68]

마이크로소프트의 창업자 빌 게이츠도 마찬가지입니다. 그는 자녀들이 14세가 될 때까지 휴대폰을 소유할 수 없게 했으며, 집에서는 특정 시간 이후로는 디지털 기기 사용을 허용하지 않았습니다.

메타의 CEO 마크 저커버그는 딸 맥스에게 보낸 공개 편지에서 "시간을 내서 밖에 나가서 놀고 천천히 꽃의 냄새를 맡으라."고 적기도 했습니다. 트위터와 미디엄의 공동 창업자인 에반 윌리엄스 또한 자녀들에게 디지털 기기 대신 수백 권의 책을 선물했습니다. 윌리엄스는 집에서 아이들이 언제든지 책을 읽을 수 있는 환경을 마련하기 위해 디지털 기기를 모두 치우고 서재만 둔 것으로 유명합니다.[69]

이와 같은 흐름은 실리콘밸리를 넘어 미국 전역으로 확산하고 있습니다. 심지어 적어도 8학년(중학교 2학년)까지 스마트폰을 자녀에게 주는 시기를 늦추도록 권장하는 캠페인이 벌어지기도 했습니다. 이 운동은 아이들이 어린 시절을 디지털 기기의 방해 없이 건강하게 보낼 수 있도록 돕기 위해 시작되었고 현재 미국 전역

에서 5만 명 이상의 부모들이 참여하고 있습니다.[70]

이렇듯 인공지능의 최전선에 있는 실리콘밸리의 리더들은 오히려 아이들을 디지털 기기에서 최대한 멀리 떨어지게 합니다. 어린 시절부터 다른 사람들과 교류하고, 문화 예술과 자연을 최대한 가까이 접하며 성장할 수 있도록 돕습니다. 디지털이 최대한 차단된 환경에서 아이들을 키우기 위해 몇 배의 등록금을 내고 있는 것입니다. 그렇다면 디지털이 최대한 차단된 환경에서 아이들이 어떤 역량을 쌓기를 바라는 것일까요?

발도로프의 교육 철학은 1919년 루돌프 슈타이너Rudolf Steiner에 의해 설립된 교육 운동으로, 아동의 전인적 발달을 목표로 하는 교육 접근법입니다. 이 학교는 60년 넘게 아이들의 발달 단계를 연구해 온 게셀 아동발달연구소Gesell Institute의 연구 결과를 바탕으로 학생들의 지적·정서적·신체적·영적 발달을 균형 있게 이루도록 돕는 것을 목표로 합니다. 이는 단순한 학문적 성취를 넘어, 학생들이 다양한 측면에서 성장할 수 있도록 합니다. 디지털 기기가 보편화한 시대에 인간관계와 자연과의 접촉 등을 교육의 핵심으로 보고 타인 및 세상과 깊은 관계를 맺는 능력을 기르게 하는 것이 교육의 목표라고 밝히고 있습니다. 그래서 1학년부터 8학년까지 같은 교사가 아이들을 가르칩니다.

발도로프 학교는 교사와 학생 간의 긴밀한 관계를 중요시하며, 학생들의 발달을 지속적으로 관찰하고, 그에 맞춰 교육 계획을 조정합니다. 그리고 모든 커리큘럼이 학생들 개개인의 학습 경험을 최대한 존중하고 흥미와 필요에 의해 조정됩니다. 이처럼 발도로프 학교는 학생들의 지적·정서적·신체적·영적인 전인적 발달을 위해 예술 활동을 중심으로 창의성과 표현력을 기르고, 감정적 발달을 촉진합니다. 자연과 많이 접촉하도록 야외 활동을 늘려 자연에 대한 존중과 이해는 물론 신체적 건강과 환경적 인식을 높입니다. 전통적인 시험과 성적 대신 서술형 평가와 포트폴리오를 통해 성취도를 평가하면서 비판적 사고를 기르고, 자율적으로 학습하게 하여 독립적인 사고와 문제 해결 능력을 키웁니다.

종합해 보면 실리콘밸리의 부모들은 아이들을 발도로프 학교에 보내 예술과 창의성의 통합, 체험 중심의 학습, 자연과의 연결, 사회적 책임과 협력 등을 배우게 합니다. 이들은 기술 중심의 사회에서도 인간의 본질적 가치를 유지하고, 그 고유성을 통해 자신의 잠재력을 드러내는 것의 중요성을 알고 있는 것입니다. 그리고 이런 종합적인 노력을 통해 '인문학적 감각'을 교육하고 있습니다.

인문학적 감각은 공부만으로 길러지지 않는다

인문학적 감각은 인간의 복잡한 감정과 경험을 이해하고, 이를 바탕으로 창의적이고 직관적인 사고를 할 수 있는 능력을 의미합니다. 이는 인문학적 소양Humanities literacy과 실천적 지능 Practical intelligence이 결합한 개념으로, 단순한 지식의 축적이 아닌 실제 생활에서의 적용과 문제 해결 능력을 포함합니다.

실천적 지능은 일상생활에서 필요한 실제적 문제를 해결하는 능력을 의미합니다. 이는 환경에 적응하고, 적절하게 반응하며, 현실적이고 실용적인 해결책을 찾는 능력을 포함합니다.[71] 인문학적 소양은 역사, 문학, 철학, 예술 등 인문학 분야의 지식을 이해하고, 이를 바탕으로 인간과 사회에 대한 깊은 통찰력을 지니는 능력입니다.[72]

인문학적 감각은 이 두 개념이 결합한 것으로, 인간의 복잡한 감정과 경험을 이해하고, 이를 바탕으로 창의적이고 직관적인 사고를 통해 문제를 해결하는 능력을 말합니다. 인문학적 소양을 통해 다양한 시각에서 문제를 이해하고, 실천적 지능을 통해 현실적인 해결책을 도출하며, 이 과정에서 직관과 통찰, 창의적 사고, 감정적 공감, 문화적 감수성이 조화를 이루어 작용합니다.

이처럼 인문학적 감각은 인공지능 시대에 복잡한 사회적 상황에서 적절히 적응하고 대응하는 데 필요한 지혜를 제공합니다. 이는 단순한 데이터 분석을 넘어 직관적 판단과 창의적 행동을 가능하게 하고, 다양한 문화적 배경을 이해하며 구성원들과의 원활한 소통을 돕습니다.

인문학적 감각을 기르기 위해서는 다양한 문화적 체험과 창의적 활동에 참여하고, 감정적 공감을 기르는 훈련을 해야 합니다. 이를 통해 인문학적 감각을 더욱 깊이 있고 풍부하게 기를 수 있습니다. 인문학적 감각이 뛰어난 사람들은 단순히 지식과 정보를 축적하는 것을 넘어, 이를 바탕으로 창의적이고 직관적인 사고를 통해 복잡한 문제를 해결하는 능력을 갖추고 있습니다. 이들은 인간의 감정과 경험을 깊이 이해하고, 다양한 문화적 맥락을 존중하며, 창의적이고 혁신적인 접근법을 통해 사회적 변화를 끌어냅니다. 이러한 인문학적 감각은 인공지능 시대에도 여전히 중요한 능력으로, 우리 사회를 더욱 인간적이고 포용력 있게 만드는 데 기여할 것입니다.

인간의 신경가소성

인문학적 감각을 기르는 것은 현대 사회에서 점점 더 중요한 과제가 되고 있습니다. 인공지능이 주도하는 시대에 인간만이 가질 수 있는 고유한 능력을 유지하고 발전시키기 위해 우리는 인문학적 감각을 길러야 합니다. 인문학적 감각은 단순한 지식의 축적을 넘어, 실제 생활에서의 적용과 문제 해결 능력을 포함합니다. 우리는 인문학적 소양에 대해서는 배웠지만 인문학적 감각을 기르는 방법에 대해서는 익숙하지 않습니다.

신경가소성Neuroplasticity은 뇌가 경험과 학습을 통해 구조와 기능을 개조할 수 있음을 보여 줍니다. 신경과학의 가소성 법칙은 교육학과 자기계발 분야에도 영향을 미쳐 개인의 특별한 능력을 발굴하는 방법을 제안합니다.[73]

첫 번째 방법은 반복적이고 집중적인 학습입니다. 가소성의 법칙에 따르면, 반복적인 학습과 경험이 뇌의 신경 경로를 강화합니다. 예를 들어 깊은 의미와 통찰이 담긴 인문 고전을 반복적으로 읽고 분석하여 텍스트의 의미와 맥락을 이해하는 것입니다. 여러 번 읽고, 스스로 혹은 다른 사람들과의 토론을 통해 다양한 해석을 시도해 보는 것도 좋은 방법입니다. 또한 정기적으로 비평, 감상문, 프레젠테이션 등을 작성해 인문 고전의 내용을 자기 생각을 바탕으로 논리적으로 표현하고 발전시켜 봅니다.

두 번째 방법은 동기부여와 영감을 제공하는 다양한 경험을 쌓는 것입니다. 가소성의 법칙에 따르면 학습과 더불어 다양한 경험이 뇌를 자극하여 새로운 신경 연결을 만듭니다. 예를 들어 박물관, 미술관, 연극, 음악회 등 다양한 문화적 체험을 통해 예술적 감수성을 자극하고 유지하는 것입니다. 다양한 문화권을 직접 체험하여 다문화적 감수성과 이해를 증진시키는 것도 중요합니다. 이러한 경험들은 뇌의 새로운 신경 경로를 형성하고 다양한 신경 연결을 강화합니다.

세 번째 방법은 양질의 코칭을 받는 것입니다. 양질의 코칭은 경험이 풍부한 멘토의 지도를 받거나, 자신이 존경하는 사람의 삶과 업적을 연구하고 따르는 것을 의미합니다. 인문적 감각이 뛰어나다고 생각하는 멘토가 있으면 그 사람을 찾아가거나, 현실적으로 만남이 어렵다면 그 사람의 책, 강연, 세미나, 워크숍, 기사 등을 통해 새로운 지식을 습득하고 비슷한 관심사를 가진 이들과 교류합니다. 이 과정에서 지속적인 피드백을 받으며 성찰한다면 뇌의 신경 경로를 지속적으로 재조정하고 강화할 수 있습니다.

인공지능 시대의 인문학적 감각은 새로운 프레임으로 접근해야 합니다. 뛰어난 감각 기관을 단련해서 놀라운 퍼포먼스를 보여 주는 운동선수들이나 예술가들의 자세를 배워야 합니다. 여전히 인공지능이 가장 모방하기 힘든 영역이 스포츠나 예술의 영역인 것도 같은 맥락입니다. 이러한 접근법을 통해 우리는 인공지능 시대에도 계속 성장하며, 인간 고유의 인문학적 감각을 길러 나갈 수 있습니다.

위대함을
가까이하기

예술은 단순히 기술이 아니라, 인간의 정신을 고양하는 힘이다.

– 레프 톨스토이(소설가)

위대한 예술은 혁신의 도구

'전율'이라는 감정을 느껴 본 적이 있나요? 제 기억 속에서 전율을 가장 강하게 느낀 순간은 여행 중 박물관을 방문했을 때였습니다. 우리는 여행을 하면 자연스럽게 놀라운 건축물이나 박물관, 미술관을 방문하게 됩니다. 저도 여러 곳을 다녔지만, 그중에서도 오스트리아 빈 미술사 박물관에서의 경험을 잊을 수 없습니다.

제가 방문한 시간에 비가 와서 관람객이 많지 않았습니다. 천천히 다양한 미술 작품을 집중해서 보고 있다 보니 어느 순간 주변에 다른 사람이 전혀 없고, 혼자 있다는 것을 알게 되었습니다. 그래서인지 몰입도는 더 높아졌습니다. 1시간가량 관람하면서 저는 인생에서 가장 강렬한 경험을 했습니다. 마치 다른 시공간에 들어선 것처럼 온몸의 세포 하나하나가 곤두서는 느낌이었습니다. 알브레히트 뒤러, 카라바조의 작품에서 공포, 비애, 애잔함, 환희 등을 느낄 수 있었습니다. 이윽고 현기증이 나고 다리에 힘이 풀리는 느낌을 받았습니다. 다행히 저와 같은 사람들을 위해 미술관 곳곳에 소파가 배치되어 있어 털썩 주저앉았습니다. 미술관을 나온 뒤에도 그 여운이 한동안 사라지지 않았습니다. 이게 정말 예술의 힘이구나, 더 많은 예술 작품을 경험해 보고 싶은 욕구가 강하게 느껴졌습니다.

흥미롭게도 심리학에서는 이런 현상을 설명하는 용어가 있습니다. 바로 '스탕달 신드롬Stendhal syndrome'입니다. 스탕달 신드롬은 예술 작품을 관람할 때 감정적·신체적으로 극단적인 반응을 나타내는 현상을 말합니다. 17세기 프랑스의 작가 스탕달이 이탈리아 피렌체의 산타 크로체 성당을 방문해 아름다움의 절정과 희열을 느끼고, 성당을 나서는 순간 심장이 마구 뛰고 곧 쓰러질 것 같은 느낌을 받은 뒤 자신의 감정을 다음과 같이 묘사한 데서 유래합니다.

"내가 피렌체의 산타 크로체 성당에 도착했을 때, 나의 심장은 강렬한 감정으로 뛰고 있었다. 나는 예술의 아름다움과 대면하면서 전율을 느꼈고, 갑자기 두근거리는 심장과 더불어 혼란스러운 감정을 경험했다. 이는 나에게 현실감을 잃게 했으며, 나는 예술의 위대함과 아름다움에 압도되었다."[74]

스탕달은 이 충격에서 벗어나기 위해 한 달의 시간이 필요했다고 고백합니다. 이탈리아의 정신과 의사이자 정신분석학자인 그라지엘라 마제리니Graziella Magherini는 피렌체를 방문한 환자 106명을 통해 스탕달이 저서에서 묘사한 것과 같은 특정한 병리적 증상을 연구한 끝에 이를 '스탕달 신드롬'이라고 명명했습니다.[75] 스탕달 신드롬은 예술이 인간의 감정과 정신에 깊이 영향을 미칠 수 있음을 보여 주는 중요한 예시입니다. 예술 작품은 일상에서 경험할 수 없는 강렬한 미적 감정을 느끼게 합니다.

예술은 창의적 사고를 촉진하는 중요한 도구입니다. 예술 작품을 감상하거나 문학 작품을 읽는 것은 우리의 상상력을 자극하고, 새로운 아이디어를 떠올리게 합니다. 피카소의 추상화나 헤밍웨이의 소설은 인공지능이 모방하기 가장 어려운 창의적 사고의 산물입니다. 이러한 창의성은 단순히 예술 분야에 국한되지 않으며, 과학, 기술, 비즈니스 등 다양한 분야에서 혁신을 가능하게 합니다.

그리고 예술은 인간 존재의 깊이를 탐구하고 표현하는 중요한 도구이기도 합니다. 인간의 감정과 본능을 자유롭게 표현할 수 있는 영역이기 때문에 많은 철학자가 예술은 인간이 참된 모습을 드러내게 도와준다고 생각했습니다. 예술은 인간의 본능과 욕망을 긍정하고 이를 통해 기존의 도덕과 규범을 넘어 새로운 가치를 창조할 수 있는 잠재력을 가지고 있습니다.[76]

이러한 이유로 예술은 인공지능 시대에 더욱 중요한 역할을 합니다. 인공지능이 빠르게 발전하며 우리의 일상과 업무를 혁신하는 가운데 인간의 감정, 창의성, 상상력은 여전히 그 어떤 기계도 대체할 수 없는 소중한 자산입니다. 예술은 우리의 삶을 풍요롭게 하고, 인간의 본질을 탐구하며, 더 나은 미래를 창조합니다. 이러한 맥락에서 예술의 가치를 재인식하고, 그것들이 제공하는 깊이 있는 통찰과 감동을 소중히 여겨야 할 것입니다. 예술은 단순히 아름다움을 즐기는 것을 넘어 우리에게 새로운 시각과 영감을 제공하는 강력한 도구라는 사실을 기억하세요.

예술과 인문학을 자주 접하라

우리는 데이터 기반의 분석적 사고가 강조되는 시대를 살아가고 있습니다. 하지만 이러한 기술 발전 속에서도 예술의 중요성은 여전합니다. 예술은 인간의 감정, 창의성 그리고 상상력을 자극하며, 이는 인공지능이 모방할 수 없는 인간 고유의 능력을 강화합니다.

신경미학Neuroaesthetics 연구에서 우리가 예술 작품을 감상할 때 뇌의 창의적 영역이 반응하는 것으로 밝혀졌습니다. 예술 작품을 볼 때 평소와 다른 방식으로 뇌가 활성화되는데, 이는 뇌의 보상 시스템이 작용하는 도파민 분비와 관련이 있다고 합니다. 도파민은 우리에게 큰 기쁨과 만족감을 주며, 전두엽과 두정엽 간의 연결을 늘려 창의적 사고를 촉진합니다. 예술 작품을 감상하거나 창조하는 활동을 반복하면, 우리의 뇌는 복합적이고 통합적인 사고를 위한 능력이 올라갑니다. 이는 문제 해결과 혁신적인 아이디어를 창출하는 데 중요한 역할을 합니다.[77]

연구에 따르면 미술 작품을 감상하는 동안 뇌파 중 알파파가 증가합니다. 이는 뇌의 전두엽과 측두엽의 활동이 증가하여 우리가 집중하고 몰입하고 있다는 것을 의미합니다. 이러한 몰입 상태는 창의적 사고와 깊은 인식을 가능하게 합니다. 예를 들어, 피카소의 추상화나 미켈란젤로의 조각을 감상하면서 우리는 단순히 시각적 즐거움을 넘어서, 작품 속에 담긴 의미와 감정을 느낍니다. 이는 우리의 뇌가 더욱 깊이 있게 작동하도록 도와줍니다.[78]

문학 작품을 읽는 것도 마찬가지로 우리의 뇌를 활성화합니다. 문학 작품을 읽을 때 우리의 뇌는 언어 처리 영역뿐만 아니라 감정 처리나 공감과 관련된 영역도 깨어납니다. 작품 속 인물의 감정과 행동에 빠져들 때 거울 뉴런 시스템이 살아나며 감정적 공감력이 늘어납니다. 이는 복잡한 인간관계와 사회적 상호작용을 이해하는 데 도움을 주고, 다양한 사회적 상황에서 유연하게 대처할 수 있는 능력을 길러 줍니다.[79]

예술과 문학은 뇌의 신경가소성을 촉진합니다. 새로운 신경 연결의 형성을 유도하고 기존 연결을 강화하여 뇌의 다양한 영역이 협력하도록 만듭니다. 미술 활동은 대뇌피질, 전두엽, 후두엽 등 뇌의 다양한 영역과 관련되어 있으며 공간 인지, 패턴 인식, 시각적 기억 등과도 관련이 있습니다. 이러한 능력들은 창의적 문제 해결과 혁신적 아이디어 창출에 중요한 기초를 제공합니다. 미술 활동을 통해 주의 집중력과 지속력이 향상되며, 세부 사항에 대한 주의와 전반적인 조망 능력의 균형을 맞추는 훈련을 할 수 있습니다. 예술 활동은 정서적 표현을 촉진하고 스트레스를 줄이는 효과가 있어 정서적 안정감을 높이고, 창의적 사고를 위한 긍정적인 정신 상태를 유지할 수 있게 합니다.[80]

따라서 일상에서 다양한 예술 장르를 접하는 것은 우리의 창의성을 끌어올리고, 인문학적 소양을 키웁니다. 이러한 문화적 경험은 정신적으로 건강하게 하고, 다양한 관점에서 바라보게 하며, 윤리적 판단 능력을 강화합니다. 인공지능 시대에도 인간다운 삶을 영위하려면 예술을 통해 창의성과 감정적 경험을 지속적으로 추구해야 합니다. 가까운 박물관이나 역사적 장소를 정기적으로 방문하고, 다양한 문화 이벤트와 페스티벌에 참여하는 것은 우리에게 새로운 자극과 영감을 줍니다.

이처럼 인공지능 시대에도 예술은 중요한 역할을 합니다. 예술은 순수한 창작과 인접 분야를 넘어 비즈니스, 기술, 윤리 등 다소 거리가 있어 보이는 영역에서도 응용됩니다. 예술은 인간의 감정, 경험, 상상력을 표현하는 중요한 수단으로, 이는 단순히 데이터나 알고리즘으로 대체될 수 없습니다. 예술은 인간의 독특한 사고방식과 존재 방식을 드러내는 중요한 방법입니다. 또한 예술은 사회와 기술의 발전에 대한 비판적 성찰을 제공합니다. 인공지능과 같은 기술이 사회에 미치는 영향과 그로 인한 변화에 대해 예술은 중요한 논의의 장을 제공합니다. 예술 작품을 통해 우리는 기술 발전의 긍정적 측면과 아울러 부정적 측면도 탐구하고, 이에 대한 다양한 관점을 제시할 수 있습니다. 이는 기술의 윤리적·사회적 영향을 성찰할 수 있게 합니다.

디지털 시대에 더 중요한 '책 읽기'

반도체 설계의 전설로 불리는 짐 켈러Jim Keller는 어드밴스드 마이크로 디바이시스AMD, 애플, 테슬라 등에서 고성능 모바일 컴퓨팅의 개발에 참여했습니다. 그는 테슬라의 자율주행 시스템과 애플의 초기 반도체 개발을 이끌었고, 인공지능의 성능과 효율성을 크게 개선하며 다양한 분야에서 인공지능 기술의 발전을 촉진했습니다. 한 매체와의 인터뷰에서 "최고의 칩 디자이너가 되는 길은 무엇인가요?"라는 질문을 받았을 때, 그는 여러 소양을 강조하며 중요한 이야기를 전했습니다.

"무엇보다 책을 많이 읽어야 하죠. 새로운 것을 개발하고 싶다면, 창의적인 활동을 해야 합니다. 인생의 일부를 창의적으로 보내야 한다는 말입니다. 앞으로의 10년은 지난 10년보다 더 빨라질 것입니다. (중략) 토머스 쿤이 저술한 『과학혁명의 구조』라는 정말 좋은 책이 있는데, 상당히 복잡한 주제를 다룹니다. 문제는 그 책을 읽는 엔지니어가 그리 많지 않다는 사실입니다."[81]

디지털 기술의 발전과 함께 스마트폰, 태블릿, 컴퓨터 등 다양한 디지털 기기가 우리의 일상에 깊숙이 자리 잡고 있습니다. 이러한 디지털 시대에 책 읽기의 중요성과 그 경쟁력은 과거 어느 때보다도 더욱 강조할 필요가 있습니다. 디지털 기기의 과도한 사용은 우리의 집중력과 깊이 있는 사고를 방해합니다. 그러나 책 읽기는 이러한 문제를 해결할 수 있는 중요한 활동입니다.

디지털 중심의 사회에서 책 읽기는 단순히 지식의 습득이나 지적 유희를 넘어 다양한 차원에서 삶을 건강하고 풍요롭게 만들어 줍니다. 책 읽기야말로 우리가 위대함을 쉽게 자주 접할 수 있는 가장 효과적인 방법입니다. 인공지능 시대에 독서는 여전히 중요한 경쟁력으로 작용할 수 있습니다. 책 읽기가 인간의 고유한 능력을 강화하고, 인공지능과의 차별성을 키우며, 복잡한 문제 해결 능력을 증진하기 때문입니다.

무엇보다 책 읽기는 우리의 깊이 있는 사고력을 강화합니다. 책을 읽는 과정에서 텍스트를 해석함으로써 깊이 있는 사고와 성찰을 할 수 있습니다. 책 읽기는 시간과 공간의 제약 없이 독자에게 천천히 생각하고, 숙고하고, 성찰할 기회를 줍니다. 바쁜 현대 사회에서 희귀해진 사유의 공간을 제공하며, 독자의 사고력을 깊게 만듭니다. 책 읽기는 우리의 상상력과 창의력을 자극합니다. 글로 표현된 내용을 통해 우리는 자신의 상상 속에서 이야기를 재구성하고, 등장인물과 상황을 시각화하며, 텍스트를 넘어서 새로운 생각과 아이디어를 떠올립니다. 이는 시각적 미디어가 제공할 수 없는 창의적 사고를 가능하게 합니다.

책 읽기는 또한 우리의 주체성을 강화합니다. 현대 사회의 책이라는 텍스트는 저자와는 독립적인 존재로, 독자의 해석에 따라 다양한 내용을 전달합니다. 이는 텍스트의 의미가 고정되지 않고 열려 있다는 것을 의미합니다. 이를 프랑스의 비평가 롤랑 바르트Roland Barthes는 "저자의 죽음"이라고 부릅니다. 즉 독자는 책을 읽고 해석하는 과정에서 텍스트를 단순히 받아들이는 것이 아니라, 자신의 경험과 지식을 토대로 텍스트에 새로운 의미를 부여합니다. 이는 독자의 비판적 사고 능력을 개발하며, 다양한 시각을 이해하고 평가하는 능력을 길러 줍니다. 책 읽기는 단편적이고 빠른 정보 전달에 치중하는 현대 미디어와는 대조적으로, 심층적이고 지속적으로 학습하게 하는 행위입니다. 이 과정에서 우리는 자연스럽게 복잡한 아이디어와 이론을 체계적으로 이해하고 내면화합니다.

책 읽기와 같은 깊이 있는 활동을 꾸준히 해나가야 합니다. 책을 읽는 것은 단순한 정보 습득이 아닌 우리의 정신적·문화적·사회적 발전을 위한 활동입니다. 이러한 이유로 책을 읽지 않는 시대에 책 읽기를 하는 것은 최고의 경쟁력이 될 수 있습니다.

확장적 읽기의 경쟁력

"책 추천 좀 해주세요!"

"꼭 한 권만 추천한다면?"

강연장에서 자주 듣는 질문입니다. 우선 관심 있는 분야나 알고 싶은 내용을 다룬 책을 펼쳐 듭니다. 읽다 보면 어느 순간 잘 읽히는 책이 있을 겁니다. 그 책을 읽고 더 궁금해진다면, 관련된 다른 책들도 읽어 봅니다. 이렇게 책을 연결해서 읽다 보면 감이 잡히고 맥락이 이해되기 시작합니다. 그러면서 책 읽기에 흥미가 생기고, 읽는 행위에 대한 감각이 조금씩 깨어납니다. 우리 뇌가 비활성화된 상태이기 때문에 조금씩 자주 책을 접하는 게 중요합니다. 그러다 보면 큰 흐름을 이해할 수 있게 되고, 책 읽기가 점점 더 수월해질 것입니다.

인공지능 시대에는 단순히 책을 깊이 읽는 것만으로는 부족합니다. 책을 확장적으로 읽는 것이 중요합니다. 확장적 책 읽기는 책의 내용을 여러 관점에서 분석하고, 다른 책과의 연관성을 파악하는 것입니다. 이는 문학 이론의 상호텍스트성Intertextuality 개념과 유사합니다. 상호텍스트성 이론에 따르면, 모든 텍스트는 다른 텍스트와의 상호작용을 통해 의미를 생성하고 변형합니다. 따라서 같은 주제를 다룬 여러 책을 비교하여 읽으면서 다양한 관점을 이해하고, 각기 다른 해석과 접근 방식을 분석하며 읽는 것이 필요합니다.[82]

확장적 책 읽기는 우리의 상상력과 창의성을 자극합니다. 예를 들어 인문학과 관련한 책을 읽을 때 과학적 발견이나 사회 현상과 연결 지을 수 있습니다. 이렇게 책의 내용을 다른 분야와 연결하여 이해하면 더 넓은 체계 내에서 지식을 습득할 수 있습니다. 또한 책에서 얻은 지식을 바탕으로 더 많은 책을 읽고 새로운 지식을 끊임없이 습득하려는 욕구가 생겨납니다.

예를 들면 문학 작품을 읽으면서 우리는 다양한 삶의 이야기를 경험하고, 복잡한 인간 감정을 이해하게 됩니다. 이야기 속 인물의 감정과 상황을 경험하면서 타인의 감정을 더 잘 이해하게 되고, 이는 대인관계 형성에 긍정적인 영향을 미칩니다. 이는 개인적·사회적 공감력과 비판적 사고를 키워 줍니다. 무엇보다 문학 작품은 독자가 윤리적 판단력을 기르고 복잡한 도덕적 문제

를 이해하는 데 도움을 줍니다.[83]

철학 책을 읽는 것도 중요한 경쟁력이 될 수 있습니다. 철학적 사고는 논리적·비판적 사고를 촉진하고, 윤리적 판단과 복잡한 문제 해결 능력을 키워 줍니다. 철학은 논리적 구조와 엄격한 논증을 요구하는 학문으로, 독자는 저자의 논리를 분석하고 비판적으로 평가하며, 정보의 진위를 파악하고 논리적 사고를 강화하게 됩니다. 또한 기존의 가정과 믿음을 비판적으로 검토하고 새로운 관점을 탐구하게 하며, 복잡한 문제를 다양한 관점에서 체계적으로 분석하고 창의적인 해결책을 찾는 능력을 배양하는 데 도움을 줍니다.[84]

다양한 문화와 배경을 다룬 책을 읽는 것은 우리의 시야와 이해의 폭을 넓힙니다. 이는 글로벌 시대에 중요한 자질이며, 국제적 협력과 소통 능력을 키웁니다. 책 읽기는 집중력과 인내심을 요구합니다. 이는 평생 학습의 기초를 다지며, 빠르게 변화하는 시대에 필요한 적응력을 키워 줍니다.

인공지능 시대의 경쟁력은 확장적 책 읽기에서 나옵니다. 책 읽기를 통해 얻은 지식과 이해, 그리고 그 지식을 확장하고 연결하는 인문학적 감각은 미래 사회의 필수 능력입니다.

시간을
죽이지 않기

실존적 공허함은 주로 지루한 상태에서 나타난다.

– 빅터 프랭클(정신과 의사)

현대인이 시간을 다루는 방식, 킬링타임

'킬링타임Killing time'이라는 표현은 흔히 사용되는 말로, 시간을 '죽이는' 행위를 뜻합니다. 이는 대개 의미 없거나 중요하지 않은 활동에 시간을 보내는 것을 가리키며, 예를 들어 SNS를 무작위로 스크롤하거나, TV나 유튜브에서 무의미한 영상을 연속으로 시청하는 것, 혹은 목적 없이 쇼핑몰을 배회하는 것과 같은 행동이 이에 해당합니다. 주로 잠시 지루함을 달래거나 스트레스에서 벗어나기 위한 수단입니다.

　스마트폰의 보급과 인터넷의 발달 덕분에 우리는 언제 어디서나 다양한 콘텐츠에 쉽게 접근할 수 있습니다. 특히 SNS는 킬링타임의 대표적인 예로, 지루함을 느낄 때마다 우리는 습관적으로 스마트폰을 꺼내어 피드를 스크롤합니다. 이는 즉각적인 보상 시스템처럼 작용하여, 짧은 시간에 작은 만족감을 줍니다. 또한 OTT 스트리밍 서비스들도 킬링타임 용도로 자주 사용됩니다. 이러한 서비스들은 무수한 콘텐츠를 제공하며 우리로 하여금 영상 목록을 찾아보게 만듭니다. 특히 코로나19 팬데믹 동안 집에 머무는 시간이 늘어나면서, 많은 사람이 킬링타임을 위해 다양한 디지털 콘텐츠를 소비하게 되었습니다.

　킬링타임에는 긍정적인 면도 있습니다. 일시적으로 스트레스를 해소하고 심리적인 휴식을 제공합니다. 바쁜 일상에서 잠시

도피처가 되어 줄 수 있으며, 정신 건강에 긍정적인 영향을 미칠 수 있습니다. 그리고 킬링타임을 통해 새로운 정보를 접하거나 예기치 않은 영감을 얻을 수도 있습니다. 예를 들어 무작위로 본 비디오가 새로운 아이디어의 원천이 될 수도 있습니다.

하지만 킬링타임에는 부정적인 면이 더 많습니다. 첫째, 시간의 비효율적 사용입니다. 의미 없는 활동에 지나치게 많은 시간을 소비하면, 더 중요한 일이나 자기계발에 쓸 수 있는 시간을 잃게 됩니다. 둘째, 과도한 킬링타임은 생산성을 떨어뜨리며, 장기적으로는 성취감을 느끼지 못하게 할 수 있습니다. 또한 이러한 활동은 중독성을 띠어 계획하지 않은 시간 낭비로 이어지게 합니다.

업무 중간에 SNS를 계속 확인하거나, 불필요한 인터넷 서핑을 하는 것은 일의 흐름을 끊고 집중력을 잃게 합니다. 업무의 효율성을 떨어뜨리고, 더 많은 시간을 낭비하게 만듭니다. 게다가 킬링타임은 오히려 정신적 피로와 스트레스를 늘릴 수도 있습니다. 예컨대 스마트폰을 통한 무작위적인 콘텐츠 소비는 뇌를 끊임없이 자극하여 오히려 피로감을 유발합니다. 이러한 활동은 순간적인 만족감은 줄 수 있지만, 장기적으로 만족감을 주지는 못합니다. 오히려 스트레스를 가중합니다.

인생에서 킬링타임이 지나치게 늘어나면 종국에는 사회적 고립을 초래합니다. 예를 들어 가족이나 친구와 함께 시간을 보내기보다 혼자서 스마트폰이나 컴퓨터 화면을 바라보며 시간을 보내는 것을 습관화한다면, 이는 대인관계에 부정적인 영향을 미칩니다. 사회적 관계의 질을 떨어뜨리고, 외로움을 느끼게 만들 수 있습니다.

무엇보다 킬링타임을 위해 사용되는 스마트 기기의 지나친 사용은 중독을 유발합니다. 한 연구에 따르면 스마트폰 사용은 우리의 뇌 보상 시스템을 자극하여 도파민 분비를 촉진합니다. 이는 게임이나 소셜 미디어 사용이 도파민을 통해 일종의 보상을 제공함으로써 중독적인 행동을 유도하는 원리와 유사합니다. 이러한 보상 시스템은 기대와 보상의 불확실성에서 비롯된 도파민 분비를 증가시키며, 이는 사용자들이 지속적으로 디지털 기기를 사용하게 만드는 중요한 원인입니다.[85] 또 다른 연구에 따르면 과도한 화면 시청 시간은 뇌의 구조와 기능을 손상할 수 있습니다. 우리 뇌의 도파민 수용체와 운반체의 감소를 유발하며 중독성과 관련된 뇌의 변화와 유사한 모습을 보입니다.[86] 이 연구들은 킬링타임이 단순히 시간을 보내는 행위에 그치지 않고, 우리의 행동 패턴에 깊은 영향을 미친다는 것을 보여 줍니다.

현대 사회에서 킬링타임이라는 개념은 일상어로 자리 잡았습니다. 무언가를 기다리는 대기 시간이나 특별히 할 일이 없을 때, 시간을 떼우기 위해 무의미한 활동에 소비하는 것이 현대인의 일상이 되었죠. 그러나 킬링타임은 단순히 시간을 보내는 행위에 그치지 않고, 다양한 문제점을 불러일으킬 수 있습니다. 킬링타임을 현명하게 관리하고, 의미 있는 활동에 시간을 투자해야 합니다.

지루함과 권태를 다루는 법

인공지능과 자동화 기술은 우리의 일상을 편리하게 만들었지만, 동시에 새로운 종류의 권태로움을 유발하기도 합니다. 이 권태로움은 고도로 발달한 기술과 자동화된 환경 속에서 사람들이 느끼는 지루함과 무력감을 의미합니다.

인터넷과 소셜 미디어의 발달로 인해 우리는 끊임없이 정보와 자극에 노출됩니다. 이는 집중력을 저하하고, 깊은 생각을 할 시간을 줄이며, 결과적으로 권태로움을 유발합니다. 현대 사회에서는 지루함의 빈틈을 파고드는 다양한 콘텐츠들이 있습니다. OTT 플랫폼의 드라마, 유튜브의 알고리즘 그리고 SNS의 알람 등이 그것입니다. 이러한 콘텐츠들은 순간적인 즐거움을 제공하지만, 결과적으로는 삶의 의미를 상실하게 만들고 정신 건강에 악영향을 미칠 수 있습니다. 끊임없이 자극을 좇다 보면 깊이 있는 성찰이나 내면의 성장을 도외시하게 됩니다.

여기에 많은 직업이 자동화됨에 따라 사람들은 더 이상 단순하고 반복적인 작업을 수행할 필요가 없어졌습니다. 초기에는 편리하게 느껴질 수 있지만, 시간이 지남에 따라 무력감과 지루함을 유발할 수 있습니다. 노동은 단순히 돈을 버는 행위를 넘어서 개인의 정체성 측면에서도 중요한 역할을 합니다. 심리학에서는 일과 직업이 성인기에 자아 정체성을 확립하는 데 중요한 역할을 한다고 말합니다. 사람들은 직업을 통해 자신이 누구인지, 어떤 가치를 추구하는지, 어떤 능력을 갖추고 있는지에 대한 인식을 하게 됩니다.[87] 그리고 노동은 개인이 사회에서 특정한 역할과 지위를 차지하게 합니다. 개인이 사회적 정체성을 획득하는 주요한 도구가 직업입니다. 직업은 사회적 인정과 존경을 받는 수단이 되며, 이는 자존감과 효능감에 결정적인 영향을 미치는 현대 시민의 중요한 수단입니다.[88] 그리고 노동이 주는 사회적 연결과 소속감은 개인의 심리적 안정과 행복에 기여합니다. 집단 속에서 협력하고 공동의 목표를 달성하는 경험을 통해 개인의 사회적 유대감을 강화합니다.

이처럼 자동화로 인해 일부 직업이 사라지거나 변형되면서 많은 사람이 자신이 하는 일에 대한 의미를 잃었습니다. 이는 직업적 만족도를 낮추고, 삶의 목적을 찾기 어렵게 만듭니다. 일상적인 일들이 기계에 의해 처리될 때, 사람들은 자신이 하는 일이 무의미하다고 느낄 수 있습니다. 노동이 주는 사회적·심리적 의미를 경시하게 만들기 때문입니다. 그래서 인공지능 시대의 사람들은 자신의 정체성과 가치에 대해 스스로 의심하고 회의하는 '무용계급Useless class'으로 전락할 수 있다는 경고의 목소리도 들려옵니다.[89]

철학자 버틀런드 러셀Bertrand Russell은 현대 인류가 과거보다 훨씬 다채로운 삶을 살아가고 있지만 지루함에 대한 두려움이 크다고 말했습니다. 그는 지루함을 현대 생활의 가장 중요한 문제로 보았으며, 나아가 현대인들의 가장 큰 과제가 지루함을 극복하는 것이라고 주장했습니다. 러셀에 따르면 지루함은 우리가 커다란 동기와 열정이 없어 삶의 의미와 목적을 찾지 못했을 때 생기는 감정적 상태입니다.[90]

아르투어 쇼펜하우어Arthur Schopenhauer에게도 권태는 중요한 탐구 대상이었습니다. 쇼펜하우어는 "인생은 고통과 권태 사이를 오가는 시계추와 같다."라고 말합니다. 인간은 원하는 것을 추구할 때는 고통을 느끼고, 원하는 것을 얻었을 때는 권태를 느낀다고 주장합니다. 그는 이 두 상태를 피할 수 없는 삶의 본질적인 특징으로 보았습니다. 쇼펜하우어는 권태를 '목표가 없고, 아무런 자극도 없는 상태에서 느끼는 내적 공허감'으로 정의합니다. 그는 사람들이 목표를 달성했을 때나 모든 욕망이 충족되었을 때 권태를 느끼기 쉽다고 설명합니다.

인공지능 시대에 많은 사람이 기술 발전으로 인해 권태와 지루함에 빠질 위험이 커지고 있습니다. 이러한 상황을 극복하려면 자신의 삶에서 의미를 찾아야 합니다. 이는 단순히 시간을 보내기 위한 활동이 아니라, 진정한 만족과 성취를 얻을 수 있는 활동을 찾아야 함을 의미합니다. 창의적 활동, 취미 생활 그리고 사회적 상호작용 등이 해당됩니다. 또한 디지털 기기의 사용을 줄이고, 자연과의 교감을 늘리는 것도 좋은 방법입니다. 버틀런드 러셀은 지루함을 극복하기 위해 외부 세계를 향한 호기심을 잃지 않고, 내면 세계에 몰두하는 것을 경계해야 한다고 강조했습니다. 이는 현대인들이 주변 세계와 타인 그리고 자기 자신에게 관심을 기울이고, 계속해서 새로운 것을 배우고 경험하는 것을 의미합니다.[91]

여기에 권태와 지루함을 부정적으로 보지 않고 인간의 자연스러운 특성으로 여겨 이를 어떻게 다루는가에 따라서 새로운 기회와 창조적인 시간을 만들 수 있다고 보는 주장이 있습니다. 마르틴 하이데거 또한 지루함을 중요한 현대 사회의 철학적 주제로 다루며, 이를 존재의 근본적인 질문을 던지게 하는 기회로 보았습니다. 그는 지루함이 우리를 일상적인 삶에서 벗어나, 존재의 근본적인 질문을 하게 만드는 요소라고 설명했습니다. 지루함은 우리가 자기 성찰을 통해 자신의 진정한 욕구와 목표를 재확인할 수 있는 중요한 순간을 제공한다고 말합니다.[92]

하이데거는 지루함을 정교하게 구분해서 이해할 필요가 있다고 강조합니다. 지루함은 세 가지로 구분되는데 하나는 무언가를 기다리는 동안 느끼는 지루함입니다. 이는 버스나 지하철을 기다리는 상황에서 느끼는 감정입니다. 또 다른 지루함은 특정 활동이 우리에게 흥미를 주지 못할 때 느끼는 지루함입니다. 재미없는 강의나, 적성에 맞지 않는 일을 할 때 느끼는 시간의 흐름 속에서 우리는 무의미를 느끼며, 권태에 빠집니다. 마지막으로 하이데거가 가장 중요하게 본 근본적 지루함입니다. 이는 인간이 일상적인 시간에서 벗어나 자신의 존재에 대해 근본적인 질문을 던지는 상태입니다. 이는 '철학적 시간'이라고도 할 수 있으며, 자기 삶의 의미와 목적을 돌아보며 성찰과 내적 성장을 촉진하는 시간입니다. 근본적 지루함은 자신의 진정한 욕구와 목표를 재확인할 수 있는 계기를 만듭니다. 근본적 지루함은 인간이 '비본래적 존재'에서 '본래적 존재'로 나아가게 합니다.

지루함과 권태에 관한 연구로 잘 알려진 피터 투이Peter Toohey는 지루함이 인간 경험에서 보편적이며 필수적인 부분이라고 주장합니다. 지루함은 모든 시대와 문화에서 존재해 왔으며, 이는 인간의 본성과 깊이 연관되어 있습니다. 따라서 이를 이해하는 것이 현대 사회에서 중요한 과제라고 봅니다.[93]

투이는 지루함을 '자극과 흥미의 결여로 인해 발생하는 불쾌한 감정 상태'로 정의합니다. 그는 지루함이 인간의 자연스러운 감정 상태임을 강조하며, 이를 단순히 부정적인 감정이 아닌 중요한 심리적 경험으로 봅니다. 그에 따르면 지루함과 권태는 무기력과 우울증, 불안 등을 초래할 수 있지만 동시에 단순히 부정적인 감정이 아니라 창의성과 자기 성찰을 촉진할 수 있는 중요한 상태이기도 합니다. 지루함은 사람들이 일상에서 벗어나 자신을 돌아보고 새로운 목표를 설정하는 데 도움을 줄 수 있습니다. 투이는 이러한 상황에서 사람들이 지루함을 긍정적으로 활용하는 방법을 모색해야 한다고 주장합니다. 창의적 활동, 취미생활 그리고 사회적 상호작용 등이 지루함을 극복할 수 있게 해준다고 강조합니다.

인공지능 시대에 우리 앞에 닥친 권태와 지루함을 단순한 문제로 치부할 수는 없습니다. 이를 제대로 이해하고 극복하기 위한 노력이 필요합니다. 지루함과 권태를 긍정적으로 활용할 방안을 모색하여 삶에 의미를 부여하고 정신적 건강과 만족감을 유지하는 것은 인공지능 시대에 중요한 과제 중 하나가 되었습니다.

킬링타임에서 세이빙타임으로

"좋은 영화는 엔딩 크레딧이 올라갈 때 비로소 이야기가 시작된다잖아요. 앞으로도 관객이나 시청자가 영상을 다 본 후에도 계속 생각하게 되는 작품을 만들고 싶어요."[94]

다양한 역사적·사회적 주제를 다룬 작품으로 한국 영화의 새로운 지평을 연 이준익 감독은 한 인터뷰에서 드라마 〈욘더〉를 연출한 소감을 이렇게 말했습니다.

그는 〈욘더〉를 통해 포만감을 주는 '세이빙타임' 작품을 만들고자 했으며, 킬링타임 영화가 넘치는 시대에 오히려 더 깊이 있는 이야기에 대한 갈증이 커질 것이라고 언급했습니다. 많은 OTT 콘텐츠가 '킬링타임'으로 인식되는 상황에서 사람들에게 생각할 거리를 제공하는 영화의 중요성을 강조했습니다.

인공지능과 자동화 기술의 발전으로 우리는 이전보다 더 많은 여가를 가지게 되었습니다. 그러나 동시에 권태로움을 경험합니다. 권태로움은 단순한 지루함을 넘어, 삶의 의미와 정체성에 영향을 미칠 수 있습니다. 우리는 일상의 여가 시간을 어떻게 재구성하여 의미 있고 가치 있는 시간으로 만들 수 있을까요?

인류의 역사는 오랫동안 고된 노동에서 벗어나기 위해 기술과 사회 시스템을 발전시켜 왔습니다. 그러나 현대인들은 이 귀중한 여가 시간을 종종 무의미하게 소비합니다. 일과 학습은 목표, 피드백, 규칙, 도전 의욕 등이 갖추어져 있어 몰입하기 쉬운 반면, 여가 시간은 구조가 없어 오히려 몰입하기 어렵고 헛되이 흘려보낼 수 있습니다. 주말 내내 OTT를 시청하고 나서 밀려오는 후회감은 이런 이유에서 비롯합니다. 이러한 여가 활용 방식은

피로와 자존감 저하를 초래합니다. 미하이 칙센트미하이와 같은 심리학자들은 그래서 앞으로의 시대는 여가 시간을 어떻게 현명하게 활용할 수 있는가를 잘 아는 사람의 것이 되리라 전망하기도 했습니다.[95]

이준익 감독의 말처럼 최근 여가를 보내는 새로운 방법으로 '세이빙타임'이 주목받고 있습니다. 세이빙타임은 단순한 즐거움이나 지루함 해소를 위한 킬링타임과 달리, 시간을 절약하고 가치 있게 보내는 것을 의미합니다. 본래 시간을 보다 효율적이고 목적 있게 사용하는 것을 뜻했지만, 최근에는 생산성을 높이고 의미 있는 성취를 이루기 위한 활동을 포함하는 의미로 확장되었습니다. 예를 들면, 어떠한 목적을 가지고 교육이나 자기계발, 예술적 성취를 추구하는 콘텐츠를 선택하는 것입니다.

세이빙타임 콘텐츠를 보는 것은 감정적 경험과 비판적 사고를 동시에 얻는 방법입니다. 이러한 영화는 다양한 주제를 다루며, 감정과 사고를 자극합니다. 복잡한 사회적·정치적·윤리적 문제를 탐구하여 관객이 비판적 사고를 통해 문제를 이해하고 해결하는 데 도움을 줍니다. 이러한 경험에서 사회적 문제 의식을 갖고 타인과 외부 세계에 대한 공감 능력을 개선할 수 있습니다.

디지털 기기를 자주 접하는 인공지능 시대에 우리가 가장 편하게 접할 수 있는 텍스트는 OTT 플랫폼이나 SNS의 콘텐츠입니다. 이 공간에서 우리는 스트레스를 해소하고 즐거움을 찾는 킬링타임용 콘텐츠를 주로 소비하지만, 조금만 생각을 전환해보면 이 시간을 세이빙타임으로 전환할 수 있습니다.

이미 많은 사람이 OTT 플랫폼과 SNS를 통해 정보를 얻고 자기 일과 관련하여 영감을 얻습니다. 실제로 두 미디어에는 자세히 찾아보면 킬링타임용 콘텐츠뿐만 아니라 세이빙타임용 콘텐츠도 어렵지 않게 발견할 수 있습니다. 같은 시대를 살아가는 사람들이 가장 공감할 만한 소재와 감성을 다루고 있고, 어떤 경우에는 책이 주지 못하는 이미지와 실제 사람의 연기나 목소리를 통해 체험하는 세계를 제공합니다.

따라서 우리는 킬링타임과 세이빙타임의 두 유형의 시간을 다루는 방식을 균형 있게 조절할 필요가 있습니다. 킬링타임은 일시적인 만족과 휴식을 제공하는 반면, 세이빙타임은 잠시 일상에서 벗어나 사유하게 돕거나 지적인 자극을 제공하기 때문입니다. 지나치게 킬링타임에 치우치지 않으면서, 때로는 킬링타임을 통해 심리적 휴식을 취하는 것도 필요합니다. 그러나 무엇보다 세이빙타임을 통해 평소에 하기 어려운 깊이 있는 생각과 지적 자극을 받는 것도 중요합니다. 이는 인공지능 시대에 가장 효과적으로 인문학적 감각을 기르는 방법이기도 합니다.

불확실성과 모호함 즐기기

🖋
위험을 감수하고 실패를 두려워하지 않을 때
상상의 날개는 더 힘을 얻는다.

– 데이비드 이글먼(뇌과학자)

인공지능이 낳은 불확실성의 시대

'의대 열풍이 바꾼 풍경…, 의사 가운 입고 졸업사진 찍는 초등생들.'
지난달 서울 강남 대치동의 한 초등학교에서 졸업사진을 촬영한 사
진작가 A씨는 학생들에게 일일이 진찰하는 의사의 포즈를 가르쳐
주느라 진땀을 뺐다. 이 학교 6학년 1반의 학생은 총 30명이었는데,
이 중 11명이 의사 가운을 입고 온 것이다. 당시 학생들은 졸업앨범
에 들어갈 '꿈 사진'을 찍고자 장래희망과 관련된 소품을 챙겨왔다.
A씨는 "꿈 사진은 6~7년 전부터 유행하기 시작했는데 작년부터 의

사 가운을 입고 찍는 학생들이 확 늘었다."라고 말했다.[96]

이 기사는 우리 사회에서 의사라는 직업이 얼마나 선호되는지를 잘 보여 줍니다. 의사는 안정성과 높은 소득을 보장하고, 사회적 지위와 존경을 얻는 직업입니다. 하지만 이런 현상이 단순히 직업의 안정성 때문은 아닙니다. 어쩌면 미래의 불확실성에 대한 두려움에서 비롯된 것일지도 모릅니다. 인공지능과 기술 혁신이 수많은 직업을 대체할 것이라는 미래에 적어도 의사는 전문직으로서 지위를 유지할 수 있다고 믿기 때문입니다.

수많은 인재가 다른 분야의 진출을 마다하고 의사를 선호하는 현상은 바람직할까요? 너무 안정적인 직업을 추구하려는 경향은 도전과 혁신을 꺼리게 하며 이는 개인의 성장과 사회 발전에 안

좋은 영향을 줄 수 있습니다.

과도한 의사 선호 현상은 현대 사회의 불확실성이 높아진 측면과 맞닿아 있습니다. 우리는 불확실성의 시대에 살고 있습니다. 예측 불가능한 기술 혁신, 변동성 높은 경제 상황 그리고 사회적 변화가 끊임없이 우리를 둘러싸고 있습니다. 인공지능 기술의 발전은 미래에 대한 예측을 어렵게 만듭니다. 많은 사람이 자신의 직업이 자동화될 것인지, 인공지능이 사회에 어떤 영향을 미칠지에 대해 불안감을 느낍니다. 불확실성 회피 성향이 강한 사회에서는 더욱 큰 스트레스를 유발합니다. 따라서 사람들은 더 많은 규칙과 안정성을 추구하게 됩니다.

한국 사회의 불확실성 회피 문화도 의대 선호 현상에 영향을 미쳤습니다. 사회심리학자 게르트 홉스테드Geert Hofstede는 다국적 기업 IBM에서 일하며 세계 여러 나라의 문화적 차이를 연구했습니다. 그중 불확실성 회피 지수Uncertainty avoidance index는 사회가 불확실한 상황과 모호함을 얼마나 불편해하고, 이를 피하려하는지를 측정하는 지표입니다. 한국은 이 지수가 높은 국가 중 하나로, 이는 불확실한 상황에서 불안감을 느끼고, 이를 줄이기 위해 규칙과 규범을 강화하는 경향이 있음을 의미합니다. 인공지능 시대가 도래하면서 이러한 불확실성 회피 성향이 더욱 강해지고, 눈에 보이는 가시적인 것을 선호하는 경향이 뚜렷해지고 있습니다.

이러한 맥락에서 스위스의 사례는 우리에게 중요한 시사점을 제공합니다. 스위스는 자원이 부족하고 척박한 환경 속에서 살아남기 위해 리스크를 감수하고 이를 관리하는 능력을 키워 왔습니다. 세계적인 은행가가 된 스위스인들은 리스크를 피하기보다 이를 수용하고 도전함으로써 부유한 삶을 누리고 있습니다. 스위스인들은 자신의 소유물과 정신을 적절한 리스크에 노출하면서 원하는 것을 얻는다는 삶의 이치를 깨달았습니다. 스위스인 특유의 불확실성과 모호함에 맞서는 태도가 개인과 사회의 발전에 중요한 역할을 한 것입니다.[97]

한국 사회도 이러한 접근을 통해 불확실성 속에서 기회를 찾아내고, 지속적인 혁신과 발전을 이룰 수 있습니다. 불확실성 회피 성향을 극복하고 이를 관리하는 능력을 키운다면 인공지능 시대의 도전에 대응하는 중요한 전략이 될 수 있습니다.

소셜 미디어가 부추기는 완벽주의

최근 많은 연구에서 소셜 미디어가 현대인의 심리와 행동에 깊은 영향을 미치고 있으며, 사용자가 자신의 삶을 타인의 삶과 비교하게 만들어 자존감에 영향을 줄 수 있다고 주장합니다. 무엇보다 소셜 미디어는 현대인들의 완벽주의 성향을 부추깁니다. 소셜 미디어는 사용자들이 자기 삶의 일부분을 선택적으로 공유하게 함으로써 비교 문화를 조장합니다. 사람들은 보통 자신의 일상보다는 타인의 '완벽한' 순간을 보게 되므로 자신이 뒤처진다고 느낄 가능성이 큽니다. 이는 개인이 자신의 성취나 외모, 생활 방식 등에 대해 더 높은 기준을 설정하게 만들며, 불필요한 압박감을 느끼게 합니다. 그러나 완벽주의는 실패와 좌절, 그리고 눈에 보이지 않는 불확실성을 피하려는 경향이 강합니다.

조직 심리학자 애덤 그랜트Adam Grant는 소셜 미디어에서 완벽주의를 극복하기 위해 자신의 취약성을 인정하고 공유하는 것이 중요하다고 주장합니다. 그는 특히 젊은 세대가 소셜 미디어에서의 인기나 평판을 자기 가치의 기준으로 삼는 경향이 강하다고 설명합니다. 그랜트는 성공을 위해 끈기와 회복력이 필요하며, 소셜 미디어의 완벽주의가 순간적인 성취에 집중하게 만들지만, 진정한 성과는 장기적인 노력과 실패를 극복하는 회복력에서 온다고 강조합니다. 역사적으로 성공한 인물들은 실패를 학습의 기회로 삼아 지속적인 혁신을 추구해 왔습니다. 그는 소셜 미디어의 완벽주의에서 벗어나 자신의 취약한 면을 드러내며, 진정한 관계를 형성하고 공동체에서 지지를 받는 것이 중요하다고 말합니다.

　나심 니콜라스 탈레브Nassim Nicholas Taleb는 불확실성과 혼돈 속에서 더 강해지고 성장할 수 있는 능력인 '안티프래질Antifragile'을 강조합니다.[98] 안티프래질 시스템은 실패와 실험을 통해 학습하고 개선되며, 이는 혁신적인 아이디어와 기술 개발로 이어질 수 있습니다. 불확실성과 변동성을 두려워하기보다는 이를 통해 성장하고 발전하는 방법을 고민해야 합니다.

　이러한 이유로 실리콘밸리의 많은 리더가 스토아 철학을 일상과 경영에 적용하고 있습니다. 스토아 철학은 감정의 통제와 논리적 사고를 강조하며, 내면의 평화와 감정 관리를 통해 어려움을 극복하는 방법을 제공합니다. 이러한 접근은 비즈니스 환경의 불확실성과 스트레스가 높은 상황에서 매우 유용하게 작용합니다. 트위터와 스퀘어의 창립자 잭 도시Jack Dorsey는 매일 아침 마르쿠스 아우렐리우스의 『명상록』을 읽으며 하루를 시작합니다. 아마존 창립자 제프 베이조스도 장기적인 비전을 세우고 리더십을 구축하는 방식에서 스토아 철학의 원칙을 적용하고 있습니다.

　비즈니스 세계에서 결정은 종종 고도의 압박감 속에서 이루어집니다. 스토아 철학은 감정의 동요 없이 상황을 객관적으로 평가하고, 감정에 휘둘리지 않는 합리적인 결정을 내리는 데 중점을 둡니다. 이러한 접근은 특히 위기 상황에서 효과적입니다. 리더들이 판단력을 유지하며 균형 잡힌 결정을 내리는 데 도움을 줍니다. 비즈니스 환경의 불확실성과 스트레스가 높은 상황에서 스토아 철학의 원칙은 리더들이 내적 평정과 윤리적 기준을 유지하면서 장기적인 목표를 추구하게 합니다.

인공지능과 기술 혁신이 빠르게 진행되는 현대 사회에서는 불확실성과 두려움을 직면하고 새로운 기술과 방법을 배우는 능력이 필요합니다. 인공지능 시대에 정면으로 위험에 맞서는 것은 기술적 변화와 불확실성에 대한 적응력, 창의성과 혁신, 직업적 성장, 심리적 회복력, 윤리적 책임 등을 강화하는 데 필수적입니다.

퍼지들은 모두 배거본더

심리학의 아버지로 불리는 윌리엄 제임스William James는 다양한 곳에서 유년기를 보냈습니다. 그의 아버지 헨리 제임스 시니어는 저명한 신학자였고, 제임스 가족은 부유하고 교육을 중시하는 가정이었습니다. 윌리엄 제임스는 어린 시절부터 유럽을 자주 오가며 교육을 받았고, 이는 그가 독일어와 프랑스어에 능통해지는 데 도움을 주었습니다. 모니카 파커Monica Parker는 이러한 다양한 환경에 노출되는 유년기의 경험이 개방적이고 창의적인 성격을 만드는 중요한 요인이라고 말합니다.[99]

그래서 윌리엄 제임스는 자신의 경험을 토대로 관찰이 창의성의 핵심이라고 주장했습니다.[100] 그는 새로운 경험에 대한 개방성은 인지적 유연성, 지적 호기심, 인습에 얽매이지 않는 사고, 몰두와 같은 여러 특징과 관련된 성격 특질로, 연구자들은 개방성을 지닌 사람이 천성적으로 활기차고, 독창적이며, 동정심이 많다는 사실을 일관되게 발견했습니다.

관찰하는 사람은 현재를 살며 마음을 열고 늘 탐구하고 찾아보는 사람입니다. 이들은 익숙한 것들을 새롭게 보려고 노력하며, 과거에 미처 보지 못했던 새로운 발견을 통해 기쁨을 찾습니다. 이러한 사람들의 공통점은 바로 경험에 대한 높은 개방성을 가지고 있다는 점입니다. 이들은 유연한 사고를 했고, 높은 지적 호기심을 가졌으며, 상식에 얽매이지 않았고 쉽게 몰입할 수 있었습니다. 이런 사람들은 개방적인 경험을 통해 활기차고, 독창적이며, 공감 능력이 뛰어납니다. 이들을 배거본더Vagabonder라고 부릅니다.

『타이탄의 도구들』을 쓴 팀 페리스Tim Ferriss는 '배거본더(방랑

재)'라는 개념을 통해 자유롭고 만족스러운 삶을 추구하는 방법을 소개합니다. '배거본더'는 전통적인 삶의 틀을 벗어나 원하는 곳에서 자유롭게 생활하며 다양한 경험을 쌓는 사람들을 의미합니다. 이들은 물질적 소유보다 경험을 중시하며, 긴 여행과 새로운 문화 탐험을 통해 삶에 대한 깊은 만족을 추구합니다.

배거본더는 특정 장소에 얽매이지 않고, 언제든지 이동하며 유연한 일상을 즐깁니다. 이들은 다양한 환경에서 얻은 경험을 통해 자기 성찰과 내면의 성장을 이루며, 삶의 목적을 찾는 데 도움을 받습니다. 또한 새로운 기술과 지식을 습득해 변화하는 환경에 유연하게 대응하며 창의성과 혁신을 발휘해 성장합니다.

인공지능 시대에 배거본더가 중요한 이유는 이들이 빠르게 변화하는 세상에 적응하고, 다양한 경험을 통해 창의적인 문제 해결 능력을 기를 수 있기 때문입니다. 배거본더는 여러 분야에서 다양한 기술을 습득하여 경쟁력을 유지하고, 새로운 아이디어와 접근 방식을 발견하며, 복잡한 문제를 창의적으로 해결하는 데 강점을 발휘합니다.

심리학에서는 한 인간은 20세 정도가 되면 성격적 특질이 거의 자리 잡아 크게 변하기 어렵다고 합니다. 20세가 되기 전 청소년기에 다양한 경험을 하며 배거본더로서 살아간다면 인공지능 시대의 주인공이 될 것입니다. 인공지능 시대는 더 창의적이고 더 큰 상상을 하며 성장하는 사람들이 활개를 치는 세상이기 때문입니다. 나아가 개방성이 높은 사람이 경이로움을 경험할 수 있습니다. 그러려면 우리는 일부 배거본더의 특성을 갖추기 위해 의도적인 노력을 할 필요가 있습니다.

20세기가 정확성을 추구하던 시대였다면 이제는 달라졌습니다. 여기에서 말하는 개방성은 외향성과는 다른 특징입니다. 경험에 대한 개방성, 즉 낯설고 두려움을 동반한 체험이나 생각을 열린 마음으로 받아들이는 것을 의미합니다.

심리학 박사 폴 실비아 교수Paul Silvia는 경험에 대한 개방성이 높은 사람은 더 창의적인 삶을 살며 예술적 삶을 추구하고 미적 경험을 즐긴다고 말합니다. 반면 경험에 대한 개방성이 낮은 사람은 더 관습적이고 실용적이며 현실적입니다. 그는 동시에 내재적 동기부여의 중요성을 강조합니다. '내재적 동기부여'란 사람들이 보상이나 인정을 받기 위해서가 아니라, 활동 자체에서 즐거움을 느끼기 때문에 어떤 일에 몰입하고 열정을 유지하는 동기입니다. 그리고 이러한 동기가 창의성을 발휘하는 데 매우 중요합니다.[101] 예를 들어 많은 예술가가 시장의 요구나 판매 가능성을 고려하기보다는 자신의 표현 욕구와 창작의 즐거움을 추구합니다. 유명한 화가인 반 고흐는 생전에 그의 작품이 거의 팔리지 않았음에도 불구하고, 그림 그리기에 대한 열정을 계속 유지했습니다. 그의 작업은 순수한 예술에 대한 사랑과 내재적 동기에서 비롯된 것이었습니다.

이처럼 퍼지들은 모두 배거본더였습니다. 그들은 전통적인 틀에 얽매이지 않고 자유롭게 이동하며 다양한 경험을 하며 지식과 능력을 확장했습니다. 이러한 유연성과 개방성은 그들이 변화하는 환경에서 더욱 창의적이고 혁신적으로 행동할 수 있게 했습니다. 인공지능 시대에 이러한 접근은 개인의 성장뿐만 아니라 사회의 발전에도 중요한 역할을 합니다. 불확실성과 모호함을 두려워하지 않고 이를 포용하고 활용하는 태도는 우리 모두가 배워야 할 중요한 교훈입니다. 경험에 대한 개방성, 내재적 동기부여 그리고 새로운 도전에 대한 적극적인 태도야말로 가장 중요한 인문학적 감각입니다.

무질서와 혼돈을 긍정적으로 받아들이기

『경제학 콘서트』의 저자 팀 하포드Tim Harford는 인간의 창의성과 적응력이 무질서와 혼돈 속에서 최고조로 발휘된다고 주장합니다. 이는 인간의 뇌가 오랜 진화 과정에서 복잡한 문제를 해결하도록 발달해 왔기 때문입니다. 혼란스러운 환경에서는 다양한 도구와 방법을 사용해 문제를 해결해야 하며, 이러한 능력은 인간 생존에 필수적이었습니다. 인간의 사고는 비선형적이며, 그 덕분에 무질서한 상황에서도 유연하게 대응할 수 있습니다. 이러한 사고방식은 창의적 문제 해결에 특히 중요하며 새로운 전략을 개발하고 적용할 수 있는 인지적 유연성을 기반으로 합니다.

이와 관련하여 르네상스의 거장 레오나르도 다 빈치가 활용한 '스푸마토Sfumato' 기법은 불확실성과 모호함을 받아들여 창의성과 통찰력을 키우는 방법을 보여 줍니다. 스푸마토는 이탈리아어로 '연기처럼'을 뜻하며 그림에서 경계를 흐릿하게 처리하여 더욱 자연스럽고 사실적인 이미지를 만들어 내는 기술입니다.

다 빈치는 이 기법으로 작품에 깊이와 현실감을 부여했으며, 대표작인 〈모나리자〉와 〈성 안나와 성 모자〉에서 그 효과를 극대화했습니다.

리더십컨설턴트 마이클 겔브Michael J. Gelb는 스푸마토의 개념을 예술적 기법에만 국한하지 않고, 삶과 사고의 철학으로 확장합니다. 이는 불확실한 상황을 피하기보다 받아들이며, 명확하지 않은 문제나 상황에서 다양한 가능성을 탐구하는 태도를 의미합니다. 스푸마토는 한 가지 관점에 얽매이지 않고 여러 시각에서 문제를 분석하며, 논리와 이성뿐만 아니라 감정과 직관을 활용하여 더 깊이 있는 이해와 통찰을 얻는 데 도움을 줍니다.

결국 이러한 사고방식은 창의적 사고와 혁신적인 해결책을 이끌어 내는 데 필수적입니다. 다 빈치의 스푸마토 원칙은 예술뿐만 아니라 과학적 탐구와 현대 사회의 문제 해결에도 적용될 수 있습니다. 창조는 혼돈 속에서 태어나며 불확실성과 모호함을 받아들이는 능력은 오늘날의 복잡한 사회에서 매우 중요한 덕목입니다. 이를 통해 인간은 변화하는 환경에 더 유연하게 적응하고, 새로운 아이디어와 창의적인 해결책을 만들어 낼 수 있습니다.

가만히 있는 연습하기

강한 사람이란 가장 훌륭하게 고독을 견디어 낸 사람이다.

- 프리드리히 쉴러(극작가 및 철학자)

디지털 과잉 세상에 휩쓸리지 않는다

스마트폰 알람이 울리자 그는 눈을 반쯤 감은 채 알람을 끄고, 날씨를 확인하며 세계 곳곳의 뉴스를 살펴봅니다. 자연스럽게 SNS 메시지를 확인하다 보니 잠이 완전히 깨버립니다. 아침 대중교통을 이용하는 동안에도 주위 사람들은 모두 스마트폰을 들여다보고 있습니다. 게임을 하거나 쇼츠 영상을 보는 사람들처럼, 그 역시 SNS를 스크롤하며 시간을 보냅니다. 회사에 도착해서도 그는 휴식 시간마다 스마트폰을 꺼내 게임을 하거나 최신 영상을 시청하며 친구들과 SNS로 소통합니다. 집에 돌아와 저녁을 먹은 뒤, 소파에 누워 OTT 플랫폼에서 드라마를 보거나 알고리즘이 추천하는 영상을 시청하며 하루를 마무리합니다.

이 사례는 현대인이 디지털 소음 속에서 살아가는 일상을 보여 줍니다. 스마트폰, 태블릿, 스마트 워치 등 다양한 디지털 기기의 과잉 속에서 우리의 삶은 크게 바뀌었습니다. 날마다 이들 기기들을 통해 수많은 정보를 접하고 있습니다. 그러나 이러한 디지털 기기의 사용은 우리에게 편리함을 주는 동시에 집중력을 분산시키고, 깊이 있는 사고와 창의성을 저해하는 문제를 야기합니다.

끊임없는 푸시 알림은 우리의 주의력을 분산시키고, 다시 원래의 작업에 집중하는 데 많은 시간이 걸리게 만듭니다. 한 연구에 따르면, 푸시 알림을 받은 후 원래 작업에 다시 집중하는 데 평균 23분이 걸린다고 합니다. 이는 생산성 저하와 업무 효율에 부정적인 영향을 미칠 수 있습니다. 또한 스마트폰을 자주 확인하는 습관은 깊이 있는 사고를 방해하며, 이로 인한 정보 과부하는 우리의 뇌에 부담을 주고 중요한 결정을 내리는 데 어려움을 초래할 수 있습니다. 소셜 미디어와의 끊임없는 연결성은 디지털 스트레스를 유발합니다.

이러한 문제들을 해결하기 위해 실리콘밸리에서는 다양한 노력이 이루어지고 있습니다. 디지털 소음에서 벗어나기 위해 디지털 디톡스 캠프, 디지털 웰빙 프로그램, 아날로그 활동 장려, 디지털 미니멀리즘 철학 등을 실천합니다. 예를 들어 구글은 '디지털 웰빙' 프로그램을 운영해 스마트폰 사용을 줄이고 디지털 소음에서 벗어나 정신적 안정을 찾도록 돕습니다. '캠프 그라운드'와 같은 프로그램에서는 참가자들이 디지털 기기를 사용하지 않고 자연 속에서 시간을 보내며 디지털 중독을 해소할 수 있게 합니다.

디지털 미니멀리즘 철학도 널리 퍼져 있습니다. 이는 필수적인 디지털 도구만을 사용하고 불필요한 디지털 자극을 줄이는 생활 방식을 지향합니다. 아침에 일어나자마자 스마트폰을 확인하는 습관을 버리고 명상이나 스트레칭을 하며 하루를 준비합니다. 특정 시간대에는 디지털 기기를 사용하지 않는 규칙을 설정하고, 비동기식 소통을 통해 즉각적인 응답을 요구하지 않는 소통 방식을 실천하기도 합니다. 이러한 노력을 꾸준히 하면서 디지털 기기의 부정적인 영향을 최소화하고, 더 집중되고 의미 있는 삶을 살아가려고 합니다.

이와 같은 디지털 미니멀리즘 실천은 인공지능 시대에 인간이 필요로 하는 깊이 있는 사고와 성찰을 가능하게 하며, 현대 사회에서 잃어버린 내면의 평화와 주의력을 회복시키는 역할을 합니다. 디지털 기술의 시대에 자신의 삶을 더 의미 있게 만드는 방법을 찾아야 합니다. 이는 내 안의 잠재력을 깨우고 인공지능 시대의 중요한 인문학적 감각을 기르는 길입니다.

느리고 적게 일하는 생산성

인공지능 시대는 우리가 일하고 학습하는 방식을 근본적으로 바꾸고 있습니다. 가장 두드러진 변화는 빠르고 많은 작업을 추구하는 전통적인 방식에서 느리고 깊이 있는 작업 방식으로의 전환입니다. 이는 이전의 생산 방식에서 벗어나야 한다는 것을 의미합니다.

과거에는 빠르고 많은 작업을 하는 것이 생산적이라고 여겼습니다. 하지만 이러한 접근 방식은 '가짜 생산성Pseudo productivity'이라고 할 수 있습니다.[102] 과거의 생산 방식에 대한 프레임에서 벗어나지 못한 결과로, 우리는 이메일을 끊임없이 확인하고, 회의에 참석하며, 멀티태스킹을 통해 생산성을 높이려 했습니다. 그러나 이로 인해 우리는 비효율적으로 소진되고 서로를 압박하였습니다. 이에 대한 반성으로 현재의 작업 방식을 재평가하고,

지금 하는 일이 진정으로 효율적인지 돌아보게 되었습니다.

그 과정에서 나온 새로운 접근 방식이 바로 '느린 생산성Slow productivity'입니다. 느린 생산성은 단기적으로 많은 작업을 수행하려는 경향을 줄이고, 장기적으로 중요한 일에 깊이 몰입하는 것을 목표로 합니다. 이는 단기적 성과보다는 지속 가능한 방식으로 높은 품질의 성과를 추구하는 데 중점을 둡니다. 인공지능 시대에는 작업의 양보다 품질을 우선시하기 때문에 느리고 깊이 있는 사고방식과 업무 방식이 필요합니다.

이를 실천하기 위해 규칙적인 일상과 집중된 작업 시간을 확보하는 것이 우선입니다. 매일 같은 시간에 일어나고, 일정한 시간에 작업을 시작하고 끝내는 습관이 깊이 있는 몰입과 생산성을 높일 수 있습니다. 또한 멀티태스킹을 지양하고 한 가지 일에 집중하는 것이 더 높은 성과를 가져옵니다. 이는 복잡한 문제를 깊이 이해하고 창의적인 해결책을 찾는 데 도움을 줍니다. 깊이 있는 사고와 창의적 활동은 단순한 휴식 시간이 아니라, 새로운 통찰을 얻는 중요한 시간이 됩니다.

역사적으로도 느린 생산성의 원칙을 따른 인물들이 있습니다. 철학자 임마누엘 칸트와 물리학자 알베르트 아인슈타인이 그 예입니다. 칸트는 매일 오전 5시에 일어나 1시간 산책 후 연구와

글쓰기에 몰입했습니다. 그의 규칙적인 일상 습관은 깊이 있는 사색과 철학적 연구를 가능하게 했습니다. 그의 저서 『순수이성 비판』은 느린 생산성의 결과물입니다.

아인슈타인도 마찬가지입니다. 그는 산책이나 보트 타기를 하면서도 끊임없이 사색해 그의 중요한 이론들을 발전시켰습니다. 아인슈타인은 조용한 환경에서 집중적으로 연구하는 것을 선호했고, 방해받지 않는 환경에서 깊이 몰입할 수 있는 시간을 중요하게 여겼습니다. 그렇게 탄생한 것이 고전 물리학의 근본적 개념을 혁신적으로 변화시킨 '상대성 이론'입니다.

이처럼 느리고 적게 일하는 '느린 생산성'은 현대 사회에서 일하고 학습하는 방식에 큰 변화를 가져올 수 있습니다. 인공지능이 많은 작업을 자동화하고 데이터 처리에서 뛰어난 성능을 발휘하더라도, 인간의 독창적이고 유연한 사고는 여전히 중요합니다. 빠르게 일하고 많이 일하는 방식에서 벗어나, 느리고 깊이 일하는 방식으로의 전환이 필요합니다. 이는 디지털 소음으로 가득한 인공지능 시대에 깊이 있는 몰입과 창의적 사고를 통해 더 높은 성과를 이루어 낼 수 있게 합니다.

자신의 내면에 집중하는 것의 유익

인공지능 시대에는 많은 사람이 삶의 의미를 잃고 기계적인 일상에 갇힐 위험이 있습니다. 기술의 발전이 가져오는 변화와 도전 속에서 인간의 본질적 가치와 능력을 유지하고 확장하는 방법을 모색해야 할 때입니다. 단순히 기술적 역량을 넘어서 자기 인식과 감정 조절 능력이 더욱 중요해지는 시대입니다. 이 과정에서 내면의 소리에 집중하고 자기 이해와 성찰을 통해 본질적 가치를 찾는 것이 필요합니다.

그러나 내면에 집중하는 것이 중요한 시대에 아이러니하게도 우리는 사고와 집중이 어려운 시대를 살아가고 있습니다. 과거에는 종교나 국가 공동체가 제공하던 삶의 의미나 정체성이 이제는 개인 스스로의 노력으로 구축해야 하는 시대가 되었습니다. 이로 인해 사람들은 중요한 질문을 회피하거나 외부의 도움을 받으려는 경향이 커지고 있습니다. 질문을 하려면 깊은 고민이 필요하기 때문에, 많은 사람이 불편함을 느낍니다. 이럴 때일수록 우리는 외부의 정보에 휘둘리기보다는 내면을 들여다보려고 해야 합니다.

내면을 탐구하는 과정은 여러 면에서 중요합니다. 우선 자신을 더 잘 이해하는 데 도움을 줍니다. 내면 탐구는 자신의 가치, 신념, 정체성, 동기를 명확히 하고, 인공지능과 같은 외부 기술에 대한 의존을 균형 있게 조절할 수 있게 합니다. 예를 들어 인공지능이 제공하는 정보를 무비판적으로 수용하기보다는 자신의 가치와 목표에 비추어 평가함으로써 기술의 혜택을 최대화하고 그 한계를 인식할 수 있습니다. 자아 인식은 자기 성찰을 통해 자신의 강점과 약점을 파악하고, 이를 바탕으로 더 나은 결정을 내릴 수 있게 합니다.

이 시대는 창의력과 직관력 같은 인간 고유의 능력을 요구합니다. 이러한 능력은 내면 깊숙한 곳에 잠재되어 있습니다. 많은 현인이 외부에서 답을 찾기보다는 내면의 열정과 잠재력을 발견하는 것이 중요하다고 강조한 이유입니다. 인류 역사에서 창의적이고 혁신적인 인물들은 이런 삶을 살며 성취를 이루었습니다.

실리콘밸리에서도 마음챙김과 같은 내면 탐구 활동을 적극적으로 활용합니다. 기술 산업의 중심지인 실리콘밸리는 높은 스트레스와 빠른 업무 환경으로 유명하여, 직원들의 정신적 건강과 생산성을 유지하기 위해 마음챙김을 도입하였습니다.

많은 기업이 직원들의 스트레스 관리와 정신적 건강 증진을 위해 마음챙김 프로그램을 운영하고 있습니다. 마음챙김은 지금 이 순간에 집중함으로써 스트레스를 줄이는 기술입니다. 예를 들어 구글, 페이스북, 트위터 등은 직원 복지 프로그램의 일환으로 마음챙김 명상을 제공하여 직원들이 일과 삶의 균형을 유지하고, 정신적 건강을 증진하도록 돕습니다.[103]

트위터와 스퀘어(현재 블록)의 공동 창립자 잭 도시는 명상의 중

요성을 강조하는 대표적인 인물입니다. 그는 일상에서 명상을 실천하면서 특히 비파사나 명상Vipassana meditation을 강력하게 추천합니다. 비파사나 명상은 마음의 평정을 찾고 내면의 충동을 억제하며 깊은 자기 성찰을 유도합니다. 잭 도시는 이 명상이 자신에게 가장 어려우면서도 가장 유익하다고 말하며, 이 경험이 그의 정신적 건강과 업무 수행 능력에 큰 도움이 되었다고 밝혔습니다.[104]

또한 구글의 'Search Inside Yourself' 프로그램은 직원들이 감정 관리와 집중을 통해 더 높은 생산성을 달성하도록 돕습니다. 이 프로그램은 직원들에게 큰 인기를 끌었고, 많은 사람이 이를 통해 업무 효율성을 높이고 있습니다.[105]

명상과 마음챙김은 창의성과 혁신을 촉진하는 데 중요한 역할을 합니다. 이를 통해 직원들은 더 깊이 생각하고, 새로운 아이디어를 탐구하며, 복잡한 문제를 창의적으로 해결하는 능력을 키울 수 있습니다. 인공지능 시대에 필요한 인문학적 감각은 외부의 소음을 차단하고 내면과 소통하는 데서 시작됩니다. 내면의 소리에 귀 기울일 때 우리의 창의성은 활성화합니다. 이는 우리가 끊임없이 질문하고 스스로 답을 찾는 과정에서 더욱 두드러집니다.

시인처럼
살아가기

지금 우리는 단절되었습니다.
잃어버린 연결을 되찾아 다시 잇는 것,
그것이 슬픔과 고통에서 벗어나는 길입니다.

- 요한 하리(『도둑맞은 집중력』의 저자, 저널리스트)

연결된 세상에서의 단절

우리는 지금 그 어느 때보다도 연결된 세상에 살고 있습니다. 디지털 기술의 발전 덕분에 언제 어디서나 손쉽게 소통하고 정보를 얻을 수 있습니다. 인터넷과 스마트폰은 무한한 가능성을 열어 주었고, 다양한 사람들을 연결해 주었습니다. 그러나 이러한 연결 속에서도 우리는 오히려 점점 더 자신과 비슷한 사람들하고만 교류하는 커뮤니티 문화 속에서 단절되고 있습니다.

디지털 세계에서의 단절은 단순히 의견의 다양성 부족에 그치지 않습니다. 이는 더 깊은 인간관계의 단절로 이어집니다. 과거에는 다양한 배경과 생각을 가진 사람들과 물리적으로 교류할 기회가 많았습니다. 학교, 직장, 지역사회 등에서 우리는 다양한 사람들과 어울리며 서로 다른 관점을 이해하고 수용하는 법을 배웠습니다. 하지만 디지털 커뮤니티는 이러한 물리적 상호작용을 대체하면서 사람들은 점점 더 자신과 비슷한 의견을 가진 사람들하고만 소통하게 되었습니다.

이러한 현상의 주요 원인 중 하나는 인공지능 알고리즘입니다. 인공지능 알고리즘은 우리가 이전에 검색한 내용, 클릭한 링크, '좋아요'를 누른 게시물 등을 분석하여 우리의 취향에 맞는 콘텐츠를 추천합니다. 이러한 방식은 사용자가 좋아하고 흥미를 느낄 만한 정보를 쉽게 찾을 수 있게 돕지만, 한편으로는 '필터 버블Filter bubble'이라는 현상을 초래합니다. 필터 버블은 사용자가 자신과 비슷한 의견이나 관점을 가진 사람들과만 소통하게 되어 다양한 시각을 접할 기회를 줄이는 것입니다.[106]

필터 버블은 마치 거품 속에 갇힌 것처럼 우리를 보호해 주는 듯하지만, 사실상 우리는 스스로를 더 좁고 편향된 시각에 가두고 있습니다. 이는 '에코 챔버Echo chamber' 효과로도 알려져 있는데, 동일한 생각과 의견이 반복되고 증폭되면서 마치 메아리처럼 되돌아오는 현상입니다. 디지털 커뮤니티에서는 사람들이 자신과 비슷한 의견을 가진 사람과 소통하고, 서로의 의견을 강화하며 다른 시각을 배제합니다. 이는 사회적·정치적 분열을 심화하고 개인의 시야를 좁히며 편견과 오해를 강화하는 결과를 낳습니다.

디지털 문화 속에서 우리는 스스로를 더 폐쇄적이고 작은 집단 속으로 밀어 넣어 더 쉽게 '닫힘의 상태'에 빠지게 합니다. 이러한 단절은 개인의 정신적·정서적 건강에도 부정적인 영향을 미칩니다. 인간은 본질적으로 사회적 존재로서 다양한 인간관계 속에서 성장하고 발전합니다. 그러나 디지털 세계에서 사람들은 심리적·정서적·인지적으로 닫힘 상태에 놓입니다. 이는 새로운 경험이나 관점을 수용하지 못하고 기존의 신념과 생각에 고착되는 상태를 의미합니다.[107]

이러한 닫힘 상태는 개인의 성장과 변화에 큰 걸림돌로 작용하며, 문제 해결 능력을 저하시킵니다. 인지적 닫힘은 새로운 정보나 아이디어를 받아들이지 못하고 기존의 틀에 갇히게 만들어 학습과 창의성을 저해합니다. 이는 개인의 발전뿐만 아니라 사회 전체의 발전에도 부정적인 영향을 미칩니다.

디지털 세계에서 우리는 연결된 듯 보이지만 사실은 더욱 단절된 삶을 살아가고 있습니다. 이것은 우리가 주의 깊게 살펴보고 해결해야 할 중요한 과제입니다. 연결된 세상에서 우리는 다양한 인간관계를 맺고 서로 다른 시각을 수용하며 열린 마음을 가져야 합니다. 그래야 더욱 풍부하고 균형 잡힌 시각을 갖추고, 진정한 소통과 이해를 이룰 수 있기 때문입니다.

시인의 태도로 세상과 연결되기

현대 사회에서 과학과 기술은 우리의 삶을 혁신적으로 변화시켰습니다. 우리는 이제 손쉽게 정보를 얻고 소통하며 효율적으로 일할 수 있습니다. 그러나 이러한 발전이 무조건적인 진리나 절대적인 가치로 여겨질 때, 중요한 것을 잃을 위험이 있습니다. 그래서 철학자들은 과학과 기술이 인간의 감정, 예술, 창조성 등을 간과할 수 있음을 경고해 왔습니다.

마르틴 하이데거의 철학은 인공지능 시대를 살아가는 우리에게 중요한 통찰을 제공합니다. 하이데거는 현대 사회를 거대한 기계와 같다고 보았으며, 이 거대한 기계 속에서 인간이 부품으로 전락할 위험을 우려했습니다. 하이데거는 인간으로서 본질을 유지하기 위한 중요한 단서로 '시인의 태도'를 제시했습니다.[108]

하이데거는 '존재Sein'를 이해하는 것이 철학의 가장 근본적인 문제라고 보았습니다. 그는 기술적 사고가 존재를 단순히 이용 가능한 자원으로 환원시키는 반면, 시인의 태도는 존재의 깊이와 본질을 인식하고 존중한다고 주장했습니다. 시인은 사물과 현상을 단순한 기능적 존재로 보지 않고, 그 안에 숨겨진 본질을 발견하고 이를 표현하려 합니다. 이는 존재와의 친밀한 관계를 형성하지만, 기술적 사고는 사물을 기능적으로 접근하여 존재의 본질을 간과할 수 있습니다.[109]

하이데거는 현대 문명이 자연을 지배하고 착취하는 방식으로 발전하고 있다고 비판했습니다. 시인의 태도는 자연과 조화로운 관계를 맺고, 이를 통해 인간 존재의 의미를 성찰하도록 합니다. 시인은 자연과 세계를 경외와 존중의 시선으로 바라보며, 인간이 자연과 공존하는 방식을 재발견할 수 있게 합니다. 기술적 접근은 종종 자연을 자원으로만 보고, 그 본연의 아름다움과 가치는 무시합니다.

일상 속에서도 존재의 깊이를 발견하고 경험하는 것은 중요합니다. 시인의 태도는 일상의 작은 순간에서 깊은 의미와 아름다움을 발견하며, 이를 통해 삶의 질을 높이고 존재의 깊이를 체험하는 힘이 있습니다. 하이데거는 언어가 존재를 드러내는 중요한 도구라고 보았으며, 시인의 태도는 언어를 통해 존재의 깊이를 탐구하고 표현하는 방식을 중시했습니다.

시인은 깊은 자기 성찰을 통해 자신의 존재를 이해하고, 이를 바탕으로 세계와의 관계를 재정립합니다. 이는 진정한 자아를 찾고, 존재의 본질을 회복하는 과정입니다. 하이데거 자신도 화려한 도시보다는 단순한 자연 속에서의 삶을 선택하였으며, 대부분의 연구를 자연 속에서 진행했습니다.[110]

인공지능 시대에는 기술과 데이터가 중심이 되면서 인간 존재의 본질이 간과될 위험이 있습니다. 하이데거의 시인의 태도는 이러한 상황에서 인간 존재의 깊이와 본질을 다시 인식하고 존중하는 데 도움을 줍니다. 시인의 태도는 인간을 단순히 기능적 존재로 환원시키는 위험을 막고, 존재의 복합성과 깊이를 탐구하는 데 기여합니다. 또한 자연과의 관계를 소중히 하며 기술과 자연의 조화로운 공존을 추구하는 데 중요한 통찰을 줍니다.

시인의 태도로 세상과 연결되는 것은 단지 철학적 제안이 아닙니다. 이는 우리가 현대 사회에서 인간성을 유지하고 발전시키기 위한 중요한 인문학적 감각입니다. 하이데거의 철학은 기술 발전이 인간 존재의 본질을 간과하지 않도록 경고하며, 시인의 태도를 통해 존재의 깊이와 본질을 인식하고 존중할 수 있는 길을 제시합니다. 디지털 세계와 인공지능 시대에서도 시인의 태도를 통해 인간다운 삶을 영위하고, 자연과 조화롭게 공존하며, 진정한 인간의 가치를 발견할 수 있을 것입니다.

4장

인간은 더욱
인간다워져야
한다

21세기 르네상스

중세의 가치관이 무너지는 사태에 직면했기 때문에
새로운 가치관을 마련해 내야 했던 르네상스 시대에는
정치인도 경제인도 모두 창작자가 되지 않을 수 없었다.

– 시오노 나나미(작가)

새로운 르네상스의 진원지

미국 서부의 작은 도시 실리콘밸리는 현재 '인공지능 기술의 중심지'로 불리고 있습니다. 인공지능 기술을 선도하는 대다수 기업이 이곳에 몰려 있기 때문입니다. 전 세계 인공지능 분야의 최고 전문가들과 인재들이 이곳으로 모이는 이유는 높은 연봉과 최상의 복지, 수평적이고 개방적인 기업문화 때문입니다. 이로 인해 실리콘밸리는 인재들의 능력을 최대한 발휘할 수 있는 최적의 근무 환경으로 꼽힙니다. 실리콘밸리의 성공은 단순히 기술적 혁신만이 아니라 창의적인 사고, 실패를 두려워하지 않는 문화 그리고 글로벌 네트워크와의 긴밀한 협력에서 비롯된다고 강조합니다. 이 모든 요소가 모여 실리콘밸리를 세계적인 혁신 중심지로 만든 것입니다.

사실 실리콘밸리는 1960년대까지 체리, 살구 등의 과일을 재배하는 농업지대였습니다. 당시 미국의 중심지는 동부에 있었고, 동부의 기업들은 제2차 세계대전을 거치며 크게 성장했습니다. 정보산업IBM, Xerox과 자동차산업GM, FORD을 중심으로 거대 기업들이 동부에 몰려 있었습니다. 하지만 1956년 노벨상 수상자인 윌리엄 쇼클리가 팔로 알토에 쇼클리 반도체 연구소를 설립하면서 실리콘밸리는 반도체 산업의 중심지가 되었습니다. 이렇게 미국의 산업 구조가 자동차와 같은 동력 산업에서 실리콘(규소)을 주재료로 하는 반도체 산업으로 넘어가면서 산업의 중심이 동부에서 서부로 이동하게 되었습니다.

실리콘밸리는 창의성과 혁신을 중시하는 독특한 문화를 바탕으로 세계적인 기술 혁신의 중심지가 되었고, 수많은 첨단기술 기업과 스타트업이 모여드는 곳이 되었습니다. 특히 실리콘밸리는 기술적 측면뿐만 아니라 혁신적인 문화로 세계 최고의 인재들을 흡수하고 있습니다. 흥미로운 점은 1960년대 서부 중심으로 꽃피웠던 대항문화가 지금의 실리콘밸리와 하이테크 기업들을 만들어 냈다는 것입니다. 당시 베트남 전쟁에 반대하는 반전 운동은 비인간적인 산업화와 물질만능주의에 반대하는 거대한 저항운동으로 확산했습니다. 청년들은 부모 세대의 가치관을 강하게 부정하고 저항하면서 대안적 삶을 살고자 했습니다. 이들은 '반전, 평화, 사랑'과 같은 인간의 본질적인 가치를 중심으로 물질주의적 가치를 비판했습니다. 이들이 기존 질서를 거부하고 자신들만의 정신적·공간적 대안을 찾으면서 실리콘밸리라는 신세계를 만들어 가기 시작했습니다.

실제로 실리콘밸리를 국제적인 IT 도시로 만든 혁신가들은 대부분 1960~1970년대 미국 서부의 대항문화가 확산되던 시기에 청년기를 보낸 사람들입니다. 애플의 창업자 스티브 잡스, 오라클의 창업자 래리 앨리슨 등이 그 대표적 예입니다. 이들은 자유로운 사상과 영혼을 표현하기 위한 도구로 컴퓨터에 주목했고, 이를 통해 기술 혁신 기업들을 만들어 냈습니다. 스티브 잡스에게 기술은 단순한 엔지니어링의 개념을 넘어 세상을 변화시키는 중요한 도구였습니다.

이러한 혁신의 가치는 '버닝맨Burning man'과 같은 행사를 통해 다음 세대에게도 전해지고 있습니다. 실리콘밸리의 버닝맨 축제는 30년이 넘는 행사로, 매년 미국 네바다 사막에서 열립니다.

버닝맨 축제는 사막 한가운데 거대한 사람 형태의 조형물이 세워지고 전 세계의 기업가, 예술가들이 함께 모여 임시 대도시인 블랙록 시티를 건설하며 독특한 문화를 육성하는 축제입니다. 1986년 래리 하비가 '창조, 자유, 무소유'를 구호로 이 행사를 만들었습니다. 테슬라의 일론 머스크, 메타의 마크 저커버그, 구글의 세르게이 브린과 래리 페이지 등 실리콘밸리의 주요 기업가들이 이 행사의 열렬한 참가자입니다.

이 행사는 어떻게 실리콘밸리의 혁신을 이어 가는 중요한 이벤트가 되었을까요? 버닝맨 축제의 운영 철학과 참여 방식에 그 비밀이 숨겨져 있습니다. 이 축제 공간에는 아무것도 없습니다. 축제의 참가자인 '버너'들은 자신이 지낼 텐트뿐만 아니라 음식과 생필품 등을 모두 스스로 준비해야 합니다. 돈으로 살 수 있는 것은 얼음과 커피뿐입니다. 주최 측이 준비해 주는 것은 거의 없으며, 축제 중 발생한 쓰레기는 각자 수거해야 합니다.

하지만 이 공간의 핵심은 아무것도 없지만 동시에 모든 '이상한 것'이 허용된다는 것입니다. 그들은 아무것도 없는 상황에서 자유롭게 예술 작품을 만들고, 아이디어를 발산하며 다양한 실험을 합니다. 그리고 행사 마지막에 거대한 사람 조형물을 태우는 '맨 번Man burn' 의식을 진행합니다. 자신들의 창조물을 모두 태우거나 폐기하며, 사막에 설치되었던 모든 것은 사라지고 참가자들은 각자의 자리로 돌아갑니다. 이처럼 버닝맨 축제는 짧지만 강렬한 경험을 참가자에게 제공합니다. 이 경험을 통해 체험한 다양한 감정은 더 큰 세계로 확산됩니다. 따라서 버닝맨은 실리콘밸리 기업가들의 거대한 실험실이자 가장 전위적이고 창의적인 축제로 평가받습니다.

버닝맨 축제의 창의적이고 실험적인 도전 속에서 참여자들은 창의력을 발휘하고, 실패를 두려워하지 않게 됩니다. 이러한 문화는 오늘의 실리콘밸리를 만든 스타트업 문화와 일치합니다. 축제 기간 동안 모든 참가자는 반드시 협업하고 자원을 공유해야 하는 환경에 놓입니다. 이 공동체 정신 또한 많은 실리콘밸리 기업이 협업을 통해 혁신을 이루는 문화에 영향을 미쳤습니다.

이처럼 실리콘밸리는 1960년대 기존 사회 구조와 권위에 대한 반발로 시작된 대항문화에서 출발합니다. 이들이 추구했던 물질주의에 대한 반대, 자연과의 조화, 자아 실현, 공동체 생활, 창의적 표현 등의 가치가 실리콘밸리에 스며들었고, 실리콘밸리의 기술 혁신과 스타트업 정신에 깊은 영향을 미쳤습니다. 그리고 버닝맨 축제와 같은 이벤트를 통해 그 혁신의 에너지를 지금까지 유지하고 있습니다.

현대 사회에서 혁신과 기술 발전의 중심지로 자리 잡은 실리콘밸리는 많은 연구자에게 15세기 이탈리아의 도시국가들이 중심이 되었던 르네상스 시기의 도시와 비교되곤 합니다. 프랑스의 경제학자이자 사상가인 자크 아탈리Jacques Attali는 실리콘밸리와 르네상스 시대의 도시를 비교하며 두 시대가 가진 공통점을 강조하고, 실리콘밸리를 중심으로 새로운 르네상스가 열릴 가능성을 전망했습니다.

르네상스 시대의 피렌체와 베네치아와 같은 대표적인 도시들은 당대의 혁신 중심지였으며, 이는 오늘날의 실리콘밸리와 상당히 닮아 있습니다. 르네상스 시대는 인쇄기의 발명으로 정보 혁명이 일어나 지식과 문화의 대중화가 이뤄졌습니다. 실리콘밸리 역시 인터넷과 개인용 컴퓨터의 발명으로 새로운 정보 혁명을 일으켰습니다. 두 시대 모두 불확실성과 위기 속에서 발전했다는 점에서 유사성을 찾을 수 있습니다. 르네상스는 흑사병과 같은 대규모 위기 속에서 창의성과 탐험의 정신이 고취되었으며, 실리콘밸리도 냉전 시대의 불안 속에서 혁신을 추구하며 발전해 왔습니다. 아탈리는 이러한 혁신과 개인의 잠재력이 꽃피웠던 시대를 '르네상스'라 정의할 수 있다고 말합니다.

르네상스 시대에는 예술과 과학이 융합되었고, 이는 다양한 분야에서의 혁신을 이끌었습니다. 실리콘밸리도 다양한 기술과 아이디어가 융합되는 장으로서 새로운 기술적 돌파구를 만들어 내고 있습니다.

　이러한 혁신의 중심지가 지속적으로 발전하고 성장할 수 있었던 것은 그 지역의 개방성, 다양성 그리고 지속적인 경제적 투자 덕분입니다. 르네상스 시대의 피렌체는 중세 말기에 이미 번성하는 상업 및 금융 중심지로 자리 잡고 있었습니다. 메디치 가문과 같은 부유한 상인 가문들은 상업, 은행업, 특히 양모 무역을 통해 엄청난 부를 축적했으며, 이 경제적 풍요는 예술과 학문에 대한 후원을 가능하게 했습니다. 이러한 후원은 예술가와 학자들이 창의적인 작업을 수행할 수 있는 환경을 제공했습니다. 실리콘밸리 역시 투자와 자본의 집중으로 인해 기술 발전이 가속화되었습니다. 이는 전 세계의 인재들이 모여 다양한 아이디어와 문화를 교류하는 장소로 기능하게 해주었고 실리콘밸리를 지식과 정보의 허브 역할을 하게 했습니다. 이처럼 르네상스 시대의 피렌체와 실리콘밸리는 각각의 시대적 맥락과 기술적 배경 속에서 혁신과 창조의 허브로서 중요한 역할을 하며, 각기 다른 방식으로 인류의 문화적 및 사회적 발전에 기여하고 있음을 알 수 있습니다.

실리콘밸리에서 제2의 르네상스가 일어날 수 있을지에 대한 질문에는 아직 답하기 어려울 수 있습니다. 하지만 실리콘밸리가 인간 중심의 가치와 지속 가능한 발전을 추구하며, 다양한 분야 간의 융합을 촉진한다면, 현대의 르네상스를 경험할 수 있을 것입니다. 이는 단지 기술적인 발전을 넘어 문화적·사회적 부흥을 의미하는 중요한 전환점이 될 수 있습니다.

르네상스형 인간의 재부상

생성형 인공지능의 등장으로 급격하게 발전하고 있는 인공지능 기술은 현대 사회에 혁명적인 변화를 가져오고 있습니다. 이 변화는 산업, 경제, 사회, 문화 등 다양한 분야에 걸쳐 있으며, 인간의 역할에 대한 재정의를 필요하게 만들었습니다. 이 과정에서 우리는 르네상스 시대의 정신을 다시금 떠올리게 됩니다.

르네상스는 인류 역사상 가장 혁신적이고 창의적인 시기로, 여러 분야에 걸친 폭넓은 지식과 융합적 사고를 지닌 '르네상스형 인간'들이 그 중심에 있었습니다. 오늘날 인공지능 시대에도 이러한 르네상스형 인간의 재부상이 요구되고 있습니다.

르네상스형 인간은 중세와 근대 초기 유럽에서 전통적으로 여러 분야에 걸친 폭넓은 지식과 감각을 갖춘 사람을 의미합니다.

이들은 예술, 과학, 철학, 문학 등 다양한 분야에서 뛰어난 능력을 발휘하며, 인간의 지적 가능성을 극대화했습니다. 대표적인 예로 레오나르도 다 빈치, 미켈란젤로, 갈릴레오 갈릴레이 등이 있습니다. 이들은 여러 분야에 관심을 가지고 자신의 잠재력을 최대한 발휘하고자 했으며, 생소한 주제나 낯선 상황을 두려워하지 않고 만족할 때까지 새로운 도전을 즐겼습니다. 무엇보다도 이들은 수많은 실패에도 아랑곳하지 않고 끊임없이 도전했습니다.[111]

인공지능의 자동화와 데이터 분석의 발전은 생산성을 크게 향상시키지만, 동시에 인간의 역할에 대한 재정의를 필요하게 합니다. 자동화는 많은 일상적인 작업을 효율적으로 처리할 수 있게 해 줌으로써 인간이 창의적이고 복잡한 문제 해결에 집중할 수 있는 여건을 마련합니다. 그러나 이러한 변화는 인간의 역할을 다시 정의하고, 새로운 종류의 역량과 기술을 요구하게 만듭니다. 이는 단순한 기술적 능력뿐만 아니라, 인문학적 통찰력과 창의적 사고를 요구합니다. 즉, 기술 혁신으로 인간은 대량 생산 체제의 기계적인 노동에서 벗어나 능동적으로 생산하고 소비하고 있습니다. 또한 이와 더불어 다양한 아이디어와 도전 의식을 실현하는 시대가 열리고 있습니다. 이에 따라 르네상스 정신이 깃든 인간의 가치가 다시 부각되고 있습니다.

따라서 인공지능 시대의 르네상스형 인간은 융합적 사고, 창의성, 비판적 사고, 윤리적 감수성 등의 특징을 갖춘 사람입니다. 이들은 복잡하고 빠르게 변화하는 현대 사회에 성공적으로 적응하고, 인공지능과 인간이 협력하여 더 나은 미래를 만들어가는 데 중요한 역할을 합니다. 이러한 사람들은 기술과 인문학을 통합적으로 이해하고, 이를 바탕으로 창의적이고 윤리적인 문제 해결 능력을 갖추고 있습니다. 인공지능이 주는 도전과 기회를 모두 잘 활용할 수 있는 능력뿐만 아니라, 인간 중심의 사고를 바탕으로 문제를 해결하는 역량도 지니고 있습니다.

현대의 새로운 르네상스를 주도하고 있는 실리콘밸리의 성공적인 인재들은 기술과 인문학을 통합적으로 이해하고, 이를 바탕으로 혁신적인 아이디어를 창출합니다. 이들은 기존 질서에 순응하기보다는 문제점을 개선하고 대안을 모색하는 데 집중합니다. 이는 르네상스 시대의 인물들이 보여준 것과 같은 창의적 사고와 도전 정신을 필요로 합니다.

인공지능 시대의 르네상스형 인간의 재부상은 필연적인 현상입니다. 기술과 인문학을 통합적으로 이해하고, 창의적이고 윤리적인 문제 해결 능력을 갖춘 르네상스형 인간은 인공지능이 주는 도전과 기회를 잘 활용하여 더 나은 미래와 새로운 르네상스를 이끌어 나갈 것입니다. 이러한 르네상스형 인간은 시대를 초월한 창의적 사고와 확고한 의지를 바탕으로 인류의 진보와 혁신을 가능하게 하는 원동력이 될 것입니다.

스스로 진화하는 인류

증기와 전기로 에너지를 만들고 PC와 인터넷이라는 정보 혁명을 거쳐
지금은 인공지능의 시대입니다.

- 젠슨 황(엔비디아 CEO)

프랑켄슈타인과 인공지능

여기 한 소녀가 있습니다. 소녀는 태어난 지 11일 만에 어머니를 잃고 계모 밑에서 힘든 유년기를 보냈습니다. 계모가 학교를 보내지 않아 무료함을 달래고자 지식인이었던 아버지의 서재에서 책을 읽는 것이 그녀의 유일한 삶의 낙이었습니다. 그렇게 읽어 나간 책은 수천 권에 이르렀고, 글쓰기가 취미인 문학소녀로 성장했습니다. 그러던 중 15세에 아버지의 제자였던 시인을 만나 사랑에 빠집니다. 문제는 그가 유부남이었다는 것입니다. 당

연히 그와의 관계는 가족의 엄청난 반대와 함께 사회의 따가운 시선을 불러왔죠. 그렇게 둘은 도망치듯 여행을 떠납니다. 그곳에서 몇몇 동료들을 만나 괴담을 구상하게 됩니다. 그녀는 당시 프랑켄슈타인의 성에 살던 연금술사가 인조인간을 만들었다는 독일 전설에서 아이디어를 얻어 소설을 구상합니다. 2년 후, 그녀는 19세에 익명으로 소설을 세상에 내놓습니다. 이 소설이 바로 역사 속 최초의 SF 소설 『프랑켄슈타인』입니다.

소녀의 이름은 메리 셸리Mary Shelley였고, 그녀가 창조한 프랑켄슈타인은 지금까지 영화, 드라마, 뮤지컬 등 다양한 장르에 영향을 주었고 끊임없이 재생산되고 있습니다. 괴물을 만든 과학자의 이야기를 담은 이 소설은 '인간에 의해 창조된 생명'이라는 스토리의 원형을 담고 있습니다. 이는 고대 그리스 신화인 프로메테우스의 주제인 신의 영역에 도전하는 인간의 모습을 반영합니다. 그래서 소설의 부제 또한 '현대판 프로메테우스The Modern Prometheus'입니다. 창조자가 통제하지 못하는 피조물의 탄생을 다룬 이야기의 원형성은 인간이 창조한 인공지능이라는 기술과의 관계에 대한 사회적 논의가 뜨거운 이 시대에도 생각할 거리와 울림을 주고 있습니다.

프랑켄슈타인과 프로메테우스 신화는 모두 창조의 힘을 다루며, 그 힘을 남용할 때 발생하는 윤리적 문제를 강조합니다. 인간이 새로운 기술을 개발하고 인공적인 진화를 추구할 때, 그에 따르는 책임을 다해야 함을 상기시킵니다. 불과 같은 기술은 인류에게 발전을 가져다주지만, 동시에 위험을 내포합니다. 이는 인공지능과 같은 현대 기술의 발전에서도 동일하게 적용됩니다. 이 이야기들은 우리가 새로운 기술과 지식을 추구할 때 윤리적 책임과 위험을 고려해야 하며, 창조의 힘을 남용하지 말아야 한다는 중요한 교훈을 담고 있습니다.

현재는 인공지능 시대입니다. 인공지능은 21세기의 가장 혁신적인 기술 중 하나로, 일상과 사회 전반에 걸쳐 큰 변화를 몰고 오고 있습니다. 챗GPT와 같은 생성형 인공지능의 등장은 인간과 기계가 상호작용하는 방식을 혁신적으로 변화시켰습니다. 이들은 대규모 언어 모델로, 자연스러운 언어 이해와 생성 능력을 바탕으로 사용자와의 상호작용을 매끄럽게 만들어 주었습니다. 이를 통해 사용자는 일상적인 업무를 보다 효율적으로 처리할 수 있게 되었습니다.

인공지능 기술의 발전은 이제 우리 삶에 깊숙이 뿌리내리고 있습니다. 우리는 인공지능을 단순히 기술적 도구로 보는 것을 넘어, 이를 통해 인간의 지식과 이해를 확장하고, 더 나은 사회를 만드는 데 어떻게 활용할 수 있을지를 본격적으로 고민해야 합니다. 역사적으로 이러한 변화는 긍정적인 측면과 아울러 새로운 도전 과제를 동반하기도 했습니다. 다만 명확한 점은 '인공지능'은 이제 누구도 반박할 수 없는 세상을 바꿀 기술이라는 것입니다. 따라서 인공지능이 가져올 미래는 우리의 선택과 준비에 달려 있습니다. 기술의 혜택을 최대화하고, 발생할 수 있는 문제들을 현명하게 해결하기 위해 인공지능의 윤리적·사회적 영향에 대해 지속적으로 논의하고 협력해야 할 것입니다. 지금이야말로 메리 셸리의 『프랑켄슈타인』의 메시지처럼 인공지능 시대를 맞이하는 우리의 자세와 방향을 점검할 때입니다.

절정에 달한 기대

최근 한 온라인 커뮤니티에서 한 장의 사진이 화제가 되었습니다. '0000주식 10년 장투(장기투자)한 일본인'이라는 제목의 사진이었습니다. 이 사진은 일본인 A씨가 투자한 주식이 10년 만에 1만 7,000%에 달하는 수익률을 기록했다고 인증한 사진이었습니다. 그는 이 기업의 주식을 2015년 2월에 약 1만 1944.24달러(약 1600만 원)에 매수했습니다. 그리고 약 10년 후인 2024년 3월 22일 보유 주식의 총평가액은 2만 2870.84달러(약 28억 원)가 되었습니다.[112] 이 기업은 지난 10년간 엄청난 주가 상승을 기록하면서 2024년 세계 시가총액 1위 기업에 오르기도 했습니다. 어느 기업일까요?

바로 인공지능 시대의 최고 수혜 기업 엔비디아Nvidia입니다. 엔비디아는 인공지능 및 머신러닝 응용 프로그램을 위한 그래픽 처리 장치GPU의 공급업체입니다. 인공지능과 머신러닝의 발전과 함께 데이터센터와 클라우드 서비스 제공업체들의 GPU 대량 채택으로 수요가 급증했습니다. 그 결과, 인공지능 컴퓨팅 학습에 필요한 GPU와 반도체 전기 회로 그리고 메인 칩을 제조하는 엔비디아는 세계 최고 수준의 회사로 발돋움했습니다. 이러한 분위기에 힘입어 시장에서 엔비디아의 시가총액 변화를 보면 인공지능에 대한 세상의 기대를 알 수 있습니다.

무엇보다 엔비디아가 21세기 동안 꽤 오랜 기간 모바일 혁명 이후 세계 시가총액 1위 자리를 유지해 오던 애플을 앞섰다는 것은 상징적인 사건입니다. 이는 모바일 혁명의 시대에서 인공지능 혁명의 시대로 메가트렌드가 변화했음을 의미합니다.

그렇다면 인공지능 기술은 과연 어느 정도 성숙했고 어떤 확산 과정에 있을까요? 세상에는 수많은 기술이 개발되고 기대를 모았지만, 어떤 기술은 진정으로 세상을 바꾸고 많은 사람이 이용하는 상용화된 기술이 되기도 했지만 다른 한편으로 어떤 기술은 기대에 부응하지 못하고 사라진 경우도 많습니다. 그렇다면 인공지능 기술은 어떨까요?

하이프 사이클Hype Cycle이라는 모델이 있습니다. 이 모델은 기술의 성숙도와 채택 과정을 시각적으로 나타낸 것으로, 주로 글로벌 기술 리서치 업체 가트너Gartner가 기술의 시장 성숙도를 설명할 때 사용하는 모델입니다.[113] 2023년 가트너는 챗GPT와 같은 생성형 인공지능 기술을 기대의 정점Peak of inflated expectations 단계에 있다고 소개했습니다. 그리고 앞으로 2년에서 5년 안에 혁신적인 성과를 달성할 것으로 예측했습니다.[114]

최근 쏟아지는 생성형 인공지능의 출현과 경쟁을 보고 있으면 하이프 사이클상 다음 단계인 기술에 대한 실망감이 확산하는 환멸 단계Trough of disillusionment를 넘어, 바로 성공 사례들이 늘어나 더 많은 경쟁자가 투자하기 시작하는 계몽 단계Slope of enlightenment에 접어든 것이 아닌가 싶습니다. 인공지능이 일으킨 변화가 단순히 소프트웨어적인 측면에 국한되지 않기 때문입니다.

현재 인공지능은 산업 전반에 걸쳐 혁신을 촉진하는 중요한 기술로 자리 잡고 있습니다. 인공지능은 방대한 양의 데이터를 처리하고 학습하면서 발전합니다. 따라서 대규모 데이터 저장소와 고성능 데이터 처리 능력이 필요합니다. 인공지능의 높은 성능을 가능하게 한 딥러닝 모델은 막대한 계산 자원이 필요해서 고성능 하드웨어와 이를 위한 엄청난 양의 전력 소비가 필수적입니다. 따라서 전력망에서부터 데이터센터, 그리고 높은 수준의 반도체 부품과 클라우드 플랫폼 등이 인공지능의 발전과 데이터 양의 증가에 대응하기 위해 성장하고 있습니다.

요컨대 인공지능 기술은 초기에는 천천히 발전하다가 시간이 지남에 따라 매우 기하급수적으로 발전하는 수확 가속의 법칙Law of accelerating returns[115]의 모습을 보입니다.

엔비디아의 성장은 인공지능 혁신의 결과이며, 인류 역사상 처음으로 인간 이외의 고도 학습 능력과 추론 능력을 갖춘 존재의 등장을 의미합니다. 이러한 변화는 사회문화적으로도 큰 의미가 있습니다. 이는 과거 인간의 가장 고유한 능력으로 평가받던 인지적 능력을 인공지능이 초월하기 시작한다는 의미입니다. 이미 속도와 정확도 측면 등 다양한 영역에서 인공지능이 인간의 인지적 능력을 대체하기 시작했습니다. 엔비디아의 CEO 젠슨 황Jensen Huang은 이런 맥락에서 인공지능 기술이 향후 5년 안에 인간이 치르는 모든 시험을 통과할 정도로 발전할 것으로 전망했습니다.[116]

결국 엔비디아를 중심으로 한 인공지능 시대의 본격적인 부상은 많은 것을 바꾸어 놓을 것입니다. 모바일 기술이 우리 삶의 많은 부분을 혁신적으로 변화시켰듯이, 인공지능은 단순한 기술 이상의 일상생활, 산업 구조, 경제 활동 등 다양한 측면에서 근본적인 변화를 일으킬 것입니다. 모바일 혁명이 우리의 소통 방식, 정보 접근성, 엔터테인먼트 등을 혁신한 것처럼, 인공지능 혁명은 우리의 업무처리 방식, 의사결정 과정, 의료 서비스, 교육 시스템, 교통수단, 환경 관리 등 광범위한 분야에서 새로운 패러다임을 제시할 것입니다.

인류의 마지막 발명

인류는 오랜 시간 동안 자연 선택에 따라 서서히 진화해 왔습니다. 근대 이후 인류는 새로운 진화의 방법을 고안해 냈습니다. 바로 과학기술을 통한 인공적인 진화를 모색하게 된 것입니다. 이제 인간은 자연 선택에 의한 진화를 넘어, 신의 영역으로 생각했던 종의 진화에 도전하기 시작했습니다. 이러한 기술 발전은 과거에는 존재하지 않았던 새로운 존재들을 출현하게 했고, 무엇보다 인공지능은 무한한 가능성의 세계를 열었습니다.

최근 SF 장르에서는 인공지능 기술을 기반으로 한 로봇의 출현이 가져올 기회와 사회적 위기를 소재로 다루고, 생명공학과 인공지능 기술의 발전을 통한 영생의 문제 등을 탐구하는 작품을 어렵지 않게 만날 수 있습니다. 『프랑켄슈타인』에서 그려진 것처럼 우리가 만든 창조물인 인공지능이 초래할 통제 불가능한 상황에 대한 인류의 기대와 두려움을 보여 줍니다.

과학기술은 이러한 흐름 속에서 신체적 진화를 위해 생명공학과 로봇공학을 발전시켰고, 정신적 진화를 위해서는 인공지능과 뇌-컴퓨터 인터페이스를 발전시켰습니다. 이 중에서도 인공지능은 인간의 정신적 능력을 비약적으로 개선하는 역할을 하고 있습니다. 인공지능은 인간 고유의 정신 활동인 학습, 추론, 문제 해결, 의사결정을 할 수 있는 최초의 존재입니다. 인공지능은 인간의 명령에 의존하던 기계들이 스스로 학습하고, 더 나은 결정을 인지하며, 많은 업무와 작업을 자동화할 수 있게 해 주었습니다. '로봇robot'이라는 단어는 '고된 노동robota'을 의미하며, 인간의 고된 노동을 대신해 주는 존재라는 의미가 있습니다. 그러나 인공지능의 발전은 이 개념을 완전히 바꾸고 있습니다.

인공지능 시대를 신체적(하드웨어), 정신적(소프트웨어) 차원에서 새로운 진화를 만드는 기술로 보고, 인류가 자기 운명의 주인으로서 새로운 차원의 완벽한 진화를 이룰 것이라는 의견이 있습니다. 이 가능성을 완벽한 인류의 진화로 보고 세 번째 진화의 시대, '라이프 3.0'으로 간주해야 한다고 합니다.[117] 인공지능과 같은 기술은 단순한 도구를 넘어, 인류가 자연을 넘어 자신을 재창조하고, 진정한 의미에서 자신의 운명을 개척하는 시대를 여는 열쇠가 될 수 있습니다.

20세기의 영국 수학자 어빙 존 굿Irving John Good은 인공지능에 의해 야기될 현상을 수십 년 전에 예측했습니다. 그는 인간의 높은 지능에 비견할 만한 기계가 발명된다면, 그 기계를 '초지능 기계'라고 불러야 한다고 했습니다. 여기서 초지능이란, 인간처럼 기계 개발을 스스로 할 수 있게 되고, 지능의 발달에 따라 더 영리한 기계를 발명하는 존재를 말합니다. 그러면서 그는 무서운 전망을 하였습니다. 바로 초지능 기계는 인류가 발명할 수 있는 '최후의 발명품'이 되리라는 것입니다.[118]

물론 실현 여부는 앞으로 지켜봐야 하지만 그의 통찰은 우리에게 많은 것을 시사합니다. 이는 인공지능의 강력함이 모든 기계와 연결되어 다른 기계를 새롭게 설계하는 자기 향상이 가능함을 의미합니다. 이제 인류의 진화는 자연 선택에 의존하지 않습니다. 인공지능과 생명공학 등의 혁신적인 기술을 통해 인류는 스스로를 변화시키고 있습니다.

인공지능 시대가 도래하면서 우리는 과거에 경험하지 못한 변화와 도전에 직면하게 될 것입니다. 이는 우리의 미래를 새롭게 설계하는 도구가 될 것입니다. 역사 속에서 이러한 기술의 부상은 위협이자 동시에 기회의 문을 열어 주었습니다. 앞으로 인공지능 기술이 인류를 위협할지, 혹은 자신의 한계를 극복하고 새로운 차원의 진화를 이룩할 위대한 기술이 될지 지켜봐야 할 것입니다.

표준과 규격화는
끝났다

이 세상은 완벽하지 않습니다. 결코, 완벽하지 않습니다.
그래서 낙관론이 필요합니다.

— 매트 리들리(정치사회 칼럼니스트)

스탠더드의 시대가 저물다

"나도 남들처럼 평범하게 살고 싶었어."

2011년에 개봉했던 영화 〈써니〉에 나오는 대사입니다. '남들처럼'은 10여 년 전 한국 대중문화 속 영화나 음악에서 자주 나왔던 표현입니다. 사회에서 경제적 차원이나 심리적 차원에서 일정한 사회적 기준에 부합하는 것을 드러낼 때 사용되었습니다. 이처럼 '남들처럼'이라는 표현은 한국 사회와 문화에서 독특한 의미를 지닙니다. 한국은 전통적으로 집단주의 문화가 있었

고, 이 문화에서는 개인의 행동을 집단의 규범에 맞추어야 한다는 압력이 존재했습니다.[119]

'남들처럼'이라는 표현은 집단주의적 사고방식을 반영하며, 다른 사람들과 비슷하게 행동함으로써 집단의 일원이 되고자 하는 욕구를 나타냅니다. 이는 사회적 규범이나 표준에 맞추려는 경향을 보여 줍니다. 이러한 문화적 특징은 여전히 우리 사회의 다양한 영역에 깊숙이 뿌리내리고 있습니다. 그래서 우리 사회에서는 오랫동안 표준의 의미인 '스탠더드Standard'라는 표현을 많이 사용해 왔습니다. 스탠더드는 세계화의 흐름 속에서 글로벌 표준에 부합하려하는 우리 사회 근대화의 상징과도 같은 가치관을 대변합니다.

20세기의 제1, 2차 산업혁명을 거치면서 스탠더드는 현대 산업과 경제의 핵심 개념이었습니다. 스탠더드는 효율성과 일관성을 다양한 분야에서 추구하여 일정한 수준의 높은 품질을 보장하기 위한 규범이나 기준을 의미합니다. 자동차 부품의 표준화를 통해 대량 생산 시스템인 포디즘Fordism을 구축한 헨리 포드Henry Ford 같은 인물들이 스탠더드의 상징적 인물입니다.

스탠더드는 단순히 제조업 생산 시스템에만 적용된 것이 아니라 교육과 사회적 가치관에도 중요한 변화를 가져왔습니다. 포디즘의 시스템을 기반으로 한 인재를 육성하는 방식의 표준화된 교육과정과 시험 제도는 학생들의 학업 성취도를 객관적으로 평가하고 교육의 질을 일정하게 유지하게 했습니다. 많은 국가에서 대학 입시 시험과 같은 표준화된 평가 시스템이 보편화하면서 이 시대가 요구하는 인재를 배출하게 되었습니다. 이처럼 스탠더드는 사회 전반에 걸쳐 대량 생산과 높은 품질의 제품을 생산하기 위해 일관성을 유지하고, 개인의 성취를 평가하며 공동체의 안정성을 보장해 왔습니다.

인공지능이 대체하는 스탠더드의 영역

표준화된 기준과 가치관은 사회 구성원들이 공동의 목표를 향해 나아가게 했으며, 20세기 현대화를 위한 중요한 원동력이 되었습니다. 그러나 인터넷과 인공지능을 중심으로 한 3~4차 산업혁명의 시대를 지나면서 '남들처럼'이라는 표현과 사회적 표준을 뜻하는 '스탠더드'는 새로운 변화를 맞이합니다.

인공지능이 적용된 다양한 디지털 기기들은 반복적이고 규칙적인 작업을 인간을 대신해 수행하기 시작했습니다. 인공지능 기술의 도래는 개인의 취향과 필요에 맞춘 맞춤형 교육, 건강 관리, 소비 패턴 등을 제공할 수 있게 했습니다. 이를 계기로 개인의 다양성이 존중되는 개인 맞춤형 솔루션의 시대가 열리게 되었습니다.

그중 가장 빠르게 변화를 맞이한 영역은 교육입니다. 인공지능 시대에는 맞춤형 교육과 개인화된 학습 경험을 제공하여 기존의 일률적인 교육 시스템을 변화시킬 수 있습니다. 이는 교육의 측면에서도 단순히 지식 전달에서 창의성, 비판적 사고, 문제 해결 능력과 같은 역량 개발로 전환되고 있는 추세입니다. 이러한 변화는 학생들이 동일한 교육과정을 따르는 것을 넘어, 개인의 흥미와 학업 성취도에 맞게 학습할 수 있게 합니다. 따라서 인공지능 시대에는 오히려 이러한 규범을 뛰어넘는 인간 고유의 창의적 사고와 독창성이 더욱 강조되는 국면을 맞이합니다.

기업의 경영 활동에서도 기존의 대량 생산 시스템을 벗어나, 분화되는 개인의 취향을 위한 맞춤형 제품과 서비스를 제공하면서 고객의 다양한 욕구를 충족시키는 방향으로 나아가고 있습니다. 이는 스탠더드의 접근 방식에서 벗어나, 개인의 요구에 집중하는 새로운 비즈니스 모델로의 전환을 의미합니다. 이와 같은 변화는 기업들이 시장에서의 경쟁력을 유지하기 위해 끊임없이 혁신을 추구하고, 더욱 작고 민첩하게 운영 전략을 취하게 만듭니다.

사회적 가치관에 있어서도 인공지능 시대는 스탠더드의 표준화된 가치관이 주는 안정성과 통일성의 범주를 벗어나, 개인의 독특한 가치와 경험을 존중하고 이를 사회 발전의 원동력으로 활용하는 것이 중요해졌습니다. 이제 '남들처럼' 스탠더드에 맞춰 살지 않고도 개인의 특성을 최대한 발휘할 수 있게 되었고, 오히려 이런 삶의 태도가 새로운 라이프스타일로 부상하고 있습니다. 스탠더드에서 다소 소외되어 왔던 인간의 감성이나 직관 등을 다루는 예술, 디자인, 인문학 등의 분야가 논리와 이성을 중요하게 여기던 기업 활동이나 인재 개발 영역에서 중요한 위치로 도약하게 됩니다. 이 분야들은 가장 인간다운 영역으로 인공지능이 쉽게 모방할 수 없기 때문입니다.

결론적으로 인공지능 시대는 기존의 표준화된 스탠더드의 영역이 점차 사라지면서 개인의 다양성과 독창성을 다루는 새로운 유형의 역량을 요구합니다. 이는 경제, 산업, 교육, 사회적 가치관 등 모든 영역에서 그러합니다. 따라서 우리는 스탠더드 이후의 인공지능 시대에 필요한 변화를 정확하게 읽고 이 변화를 수용하여, 어떻게 개인과 조직이 지속적으로 성장하고 발전할 수 있을지 본격적으로 고민해야 합니다.

가속하는 양극화

인공지능 시대에서 가장 특징적으로 드러나는 사회적 현상은 바로 '양극화'입니다. 세계적인 석학들도 다가올 인류의 미래를 변화시킬 가장 결정적인 요인을 '인공지능'과 인공지능이 가져올 '사회적 격차'라고 입을 모읍니다.[120]

이는 다양한 분야에서 우리가 추구해 온 평균 수준의 기술이나 능력이 점점 설 자리를 잃어가고 있다는 것을 의미합니다. 무엇보다 인공지능의 출현은 기존의 인류가 가장 부가가치가 높다고 평가받던 인지적 능력의 대체를 의미합니다. 그동안 좋은 직업이라고 평가받던 인지 능력을 활용한 다양한 지적 활동을 인공지능이 빠르게 대체하고 있습니다. 인공지능은 단순 반복 작업을 넘어 분석과 판단이 필요한 업무까지 수행할 수 있게 되었으며, 디지털 플랫폼과 데이터 기반의 경제는 초고속으로 발전하고 있습니다. 이러한 기술적 발전은 서비스업, 금융업, 법률업 등 다양한 지식 산업에서 뚜렷하게 나타나고 있습니다. 이로 인해 다수 평균의 영역이 사라지는 시대를 맞고 있습니다.

인공지능의 출현으로 인해 예전보다 정보 접근성이 높아졌습니다. 빅 데이터를 인공지능이 다루게 됨에 따라 개인들의 취향,

행동, 욕구 등을 정확하게 분석하고 예측할 수 있게 되었으며, 이에 따라 보다 개인화된 맞춤형 서비스와 제품이 세상에 나오고 있습니다. 또한 인터넷과 소셜 미디어는 개인이 자신의 개성과 취향을 드러내고 적극적으로 공유하는 문화를 만들었습니다. 여기에 인공지능이 결합된 3D 프린팅과 같은 기술의 발전으로 소량 생산과 맞춤형 생산이 가능해졌습니다. 아디다스의 퓨처크래프트Futurecraft 프로젝트는 그런 경향성을 보여 주는 사례입니다. 퓨처크래프트는 3D 프린팅, 데이터 분석, 맞춤형 제작 등을 통해 개인화된 제품을 제공합니다. 이 프로젝트에서 제공되는 운동화는 3D 프린팅 기술을 사용하여 중창Midsole을 제작하며, 고객의 발 모양과 걸음걸이 및 운동 패턴에 맞춘 맞춤형 중창을 디자인하여 최적의 쿠션과 지지력을 제공합니다.[121]

사회적·문화적으로도 많은 변화를 마주하게 되었습니다. 전통적인 집단주의나 전체주의에서 벗어나 개인주의가 강화되면서 사람들은 자신만의 독특한 삶의 방식을 추구합니다. 소비자는 이제 자신이 원하는 제품과 서비스를 다양하게 접할 수 있게 되었고, 그에 맞춰 보다 정확하게 요구하고 선택할 수 있게 되었습니다.

기업들은 더 많은 유연성과 적응성을 요구받습니다. 기업은 이제 더는 평균적인 소비자를 대상으로 경영 활동을 하지 않습니다. 대신 세분화된 시장을 목표로 인공지능을 활용하여 개별 소비자의 요구를 충족시키는 전략을 채택합니다. 전통적인 시장에서는 주로 인기 있는 소수의 제품이 트렌드를 이끌어 많은 매출을 차지하는 경우가 많았지만, 이제는 다양한 제품들이 모여 지속적인 매출을 차지하는 '롱테일Long tail' 현상이나 맞춤형 제품과 서비스의 수요에 적합한 '온디맨드On-Demand' 서비스가 나타나고 있습니다.[122]

예를 들면 OTT 플랫폼이나 유튜브와 같은 스트리밍 서비스는 사용자의 취향에 맞춘 콘텐츠를 인공지능을 통해 지속적으로 추천합니다. 또한 스마트 워치 등은 개인화된 시간이나 건강 관리 서비스를 개별 사용자의 필요에 맞춰 제공하기도 합니다. 소비자는 이제 자신이 원하는 제품과 서비스를 다양하게 접할 수 있고, 그에 맞춰 보다 정확하게 요구하고 선택할 수 있습니다. 이는 표준화된 제품과 서비스가 아닌, 소비자의 개별적 요구를 반영한 제품과 서비스의 지속적인 개발을 의미합니다.

그래서 인공지능 시대의 주요 특징을 '평균의 종말End of average'[123]이나 '평균 실종Redistribution of the average'[124]으로 정의하기도 합니다. 이 개념은 개인의 다양성과 특성이 존중되는 현대 사회의 변화를 설명합니다. 이러한 변화는 여러 시대적 배경과 사회 현상에 의해 촉진된 결과입니다.

그러나 평균 중심의 사고가 사회 시스템과 교육에 깊게 박혀 있어 개개인의 고유한 특성이 무시되고, 평균적인 기준에 맞추려는 경향이 여전히 남아 있습니다. 문제는 앞서 살펴본 것처럼 인공지능 시대에는 기존의 효율성과 표준화를 중시하는 평균적인 인재는 변화하는 시장과 기술 환경에 효과적으로 대응할 수 없다는 것입니다.

평균의 종말 시대에서 살아남으려면

"우리는 곧 10명으로 이루어진 기업이 수십억 달러의 가치를 갖는 것을 보게 될 것입니다. (중략) Tech-CEO 친구들과의 작은 그룹 채팅에서 앞으로 1년 안에 10억 달러 가치의 1인 기업이 탄생할 수 있는지에 대한 내기 모임이 만들어졌습니다. 인공지능이 없다면 상상할 수 없는 일이죠. 그리고 이제 그 일이 일어날 것입니다."[125]

오픈AI의 샘 알트만Sam Altman이 한 인터뷰에서 말한 내용입니다. 샘 알트만은 인공지능 시대에 10인 규모의 기업이 10억 달러(약 1조 3천억원)의 가치를 갖는 것을 곧 보게 되리라 말했습니다. 그는 나아가 1인 기업이 10억 달러 가치의 기업을 만드는 미래도 가능하다고 주장했습니다. 샘 알트만의 주장을 듣고 나니 어떤가요? 누군가는 두려움을 느낄 수도 있고, 누군가는 가슴 뛰는 설렘을 느낄 수도 있습니다. 어쨌든 우리는 이와 같은 평균의 종말 시대를 살아가게 될 것입니다.

인류 역사는 오랜 시간에 걸쳐 점진적으로 발전해 온 것처럼 보이지만, 실제로는 그렇지 않습니다. 거대한 성취와 진보는 종종 오랫동안 지배되어 왔던 가치관이 생명력을 잃고, 우연한 계기로 과거와 단절되며 새로운 가치관이 확산하는 과정에서 이루어졌습니다. 마치 글로벌 팬데믹 이후 인공지능 시대가 본격적으로 도래한 것처럼, 중세 유럽에서도 페스트(흑사병)라는 글로벌 팬데믹을 겪으며 기술 혁신이 촉진되고, 이 혁신의 에너지가 르네상스라는 부흥기를 연 것과 비슷합니다. 즉, 인류 역사는 위기 속에서 새로운 기회를 발견해 왔습니다. 중세 유럽의 페스트는 엄청난 인명 피해를 초래했지만, 동시에 기존의 사회 구조와 가치관을 뒤흔들어 새로운 시대를 여는 계기가 되었습니다. 이와 유사하게 코로나19라는 현대의 글로벌 팬데믹은 디지털 전환과 인공지능 기술의 급속한 발전을 촉진했습니다. 이러한 급변의 시기에는 시대의 위험성을 제대로 감지하면서도 긍정적인 변화를 예견하고 기회를 포착하는 데 필요한 사고방식이 필요합니다.

우리는 이런 사고방식을 '이성적 낙관주의Rational optimism'[126]에서 배울 수 있습니다. 이성적 낙관주의는 현실을 정확하게 인식하면서도 미래에 대한 긍정적인 전망을 유지하는 사고방식입니다. 이는 단순한 낙관주의와 다르게 합리적 사고에 기반한 긍정적인 삶의 태도를 의미합니다. 그래서 이성적 낙관주의는 문제를 인식하고, 이를 해결하기 위한 접근 방식을 찾는 데 중점을 둡니다. 인공지능이 가져올 평균의 종말 시대를 살아가는 지금도 마찬가지입니다. 평균의 종말 시대에도 위기와 기회가 공존하며, 이러한 시대를 성공적인 미래로 만들기 위해서는 이성적 낙관주의가 필요합니다.

우리는 원하든 원치 않든 인공지능 시대를 살아가야 합니다. 인공지능과 함께 공존하는 시대를 사는 최초의 인류이기 때문입니다. 인공지능이 작성한 기사를 매일 접하고, 투자나 번역 등의 일을 인공지능 알고리즘이 대신합니다. 이미 대기업에서는 신입사원 채용 시 서류 전형을 인공지능으로 진행하고 있습니다. 지원자는 회사에서 설정해 둔 알고리즘에 의해 1차 통과의 당락이 결정됩니다. 나아가 도로에는 자율주행 자동차와 드론이 택배를 배송한다는 뉴스를 심심치 않게 듣고 있습니다. 인공지능 전문가들은 지난 몇 년간의 인공지능 분야의 발전이 지난 몇십 년보다 더 많은 결과를 만들어 냈다고 말합니다. 그리고 앞으로 다가올 몇 년간은 지난 100년의 인공지능 역사를 뛰어넘는 수준이 될 것이라고 예상합니다. 이는 평균의 종말 시기를 더욱 앞당길 것입니다.

평균의 영역이 사라지는 인공지능 시대에는 고도의 전문성이나 경험을 요구하거나 창의성이 필요한 소수의 영역과 단순 반복 업무의 양극화된 노동 시장이 형성될 것입니다. 이를 능력 지상주의 세상Hyper-Meritocracy[127]이 도래한다고도 표현합니다. 고도의 숙련을 요구하는 소수와 그 외의 다수 사이의 격차가 확대되며, 소득 감소와 일자리 불안정이 증가하는 결과를 낳을 것입니다. 그래서 인공지능 시대를 주도하는 소수를 제외한 다수의 인간이 경제적·정치적으로 무용無用한 '무용 계급'으로 전락할 것이라는 경고도 있습니다.[128] 즉, '평균'으로 대변되는 중간층이 사라진 양극화가 심각하게 진행될 수 있습니다.

이성적 낙관주의자는 이러한 변화가 불가피하다는 것을 인정하면서도, 이를 통해 더 나은 기회를 찾을 수 있다고 확신합니다. 즉, 인공지능은 모든 사람이 아니라 '평균'의 영역에 머문 사람들을 대체할 것이며, 변화에 적응하는 사람에게는 역설적으로 새로운 기회를 줄 것입니다. 전문가들은 새로운 기계 지능과 결합해 가치를 높일 수 있는 일을 찾고 이를 바탕으로 고도의 기술력과 창의성을 갖춘 사람들은 더 많은 소득과 성과를 얻을 수 있다고 주장합니다. 한마디로 인공지능 시대에는 새로운 유형의 인재상이 필요합니다.

우리가 이성적 낙관주의자라면 새로운 기술을 배우고, 기존의 역량을 재조정하는 데 힘써야 합니다. 평균의 종말 시대는 오히려 복잡하고 새로운 문제들이 끊임없이 등장하며 기존에 없던 새로운 영역이 부상하는 과도기입니다. 그래서 누군가에게는 그 어느 때보다 성공하기 좋은 시기로 느껴질 수 있습니다.

인간이 인공지능보다 잘하는 일

대체할 수 없는 귀중한 존재가 되기 위해서는 항상 남과 달라야 한다.

– 코코 샤넬(패션 디자이너)

누구나 인공지능을 다룰 수 있는 시대

"코딩 교육을 얼마나 빨리 접해야 하나요? 지금이라도 코딩을 배워야 하나요?"

제가 강의나 이메일 등으로 독자들에게 즐겨 받는 질문입니다. 가장 놀랐던 일은 어느 유치원 학회에 참석해서 들은 질문이었습니다. 이제 막 유치원에 입학하는 5살짜리 아이의 학부모인데 아이에게 코딩을 가르치는 게 어떻겠냐는 질문이었습니다. 앞으로는 외국어보다 코딩을 배워 두는 게 더 유망할 것 같다는 이유였습니다. 그래서 아직은 코딩 교육보다는 아이들과 함께 더 놀아 주고 책을 함께 읽어 주라고 답을 드리긴 했습니다.

인공지능 기술에 대한 기대가 정점에 달한 지금 다수의 미디어에서 인공지능과 관련된 디지털 역량을 갖추어야 한다는 이야기가 쏟아지고 있습니다. 그래서인지 코딩 능력에 관한 관심도 매우 뜨겁습니다. 저도 사업을 하면서 필요 때문에 코딩을 배워 봤고 실제 업무에도 활용해 봤습니다. 그래서 일정 수준의 기본적인 프로그래밍 언어와 구조에 대해 이해하는 것은 필요하다고 생각합니다. 하지만 미래 세대에게 코딩 교육을 권하는 문제는 조금 다릅니다.

인공지능과 관련된 기술은 최근 몇 년간 급속히 발전해 왔으며, 이러한 기술은 이제 점점 더 많은 사람이 접근할 수 있는 형태로 변화하고 있습니다. 과거에는 높은 수준의 전문 지식과 기술이 필요했던 분야들이 인공지능의 발달과 함께 그 진입장벽이 낮아지고 있습니다. 예를 들어 오픈소스로 공개한 기계학습 라이브러리는 일반인들도 쉽게 접근할 수 있는 다양한 기능들을 제공합니다. 이 플랫폼들은 복잡한 인공지능 모델을 구축하고 훈련하는 과정을 단순화하여 비전문가도 인공지능 기술을 활용할 수 있게 돕고 있습니다.

최근 몇 년간 프로그래밍 언어를 전혀 사용하지 않는 노코드 No-code와 약간의 코딩만을 요구하는 로코드Low-code 플랫폼이 급격히 확산하고 있습니다. 이러한 플랫폼은 프로그래밍 지식이 없는 사람들도 쉽게 다양한 애플리케이션을 개발할 수 있게 해줍니다. 예를 들어 어떤 플랫폼은 복잡한 코딩 없이도 시각적인 인터페이스를 제공하여 높은 수준의 기능이 들어간 애플리케이션을 만들 수 있게 합니다. 비전문가도 인공지능 기반의 솔루션을 개발할 수 있습니다. 무엇보다 온라인 교육 플랫폼들이 다양하게 등장하면서 쉽게 인공지능 기술을 배울 수 있는 환경이 조성되었습니다. 코세라Coursera와 유다시티Udacity 같은 교육 기업들이 무료로 제공하는 인공지능과 다양한 강의를 통해 많은 사람이 인공지능 기술을 학습하고 있습니다. 이처럼 교육 자원의 확산은 기술의 진입장벽을 낮추는 중요한 요소로 작용하고 있습니다.

인공지능 기술이 확산하면서 교육과 고용 시장에도 큰 변화를 가져왔습니다. 과거에는 높은 수준의 프로그래밍 교육을 받은 사람들만이 인공지능 분야의 기술 직업에 접근할 수 있었지만, 이제는 다양한 배경을 가진 사람들이 인공지능 분야에 도전할 수 있게 되었습니다.

낮아지는 인공지능 기술의 진입장벽

1990년대에 컴퓨터 학원에서 베이직Basic이라는 프로그램을 열심히 배웠던 기억이 있습니다. 베이직은 비과학 분야의 학생들이 컴퓨터를 사용할 수 있도록 만든 교육용 프로그램으로 언어의 문법이 단순해 인기가 높았습니다. 그래서 당시에 컴퓨터를 학습한다는 건 베이직 언어를 이용하는 방법을 배우는 것과 다름이 없었습니다. 그런데 이후 파스칼Pascla과 C 언어 같은 고급 기능을 가진 프로그래밍 언어가 나오고 마이크로포스트에서 시각적 빌더가 결합된 비주얼 베이직Visual Basic등이 등장하면서 사용자가 급격하게 줄었습니다. 2000년대가 되면서 드림위버Dreamweaver와 같은 도구가 등장하여 코딩 없이 웹사이트를 개발할 수 있는 환경이 제공되었고, 이는 노코드No-Code나 로코드

Low-Code 플랫폼의 등장으로 이어졌습니다. 여기에 최근 몇 년간 인공지능 기술이 발전하면서 이제 개인 사용자는 기계어가 아닌 우리가 일상에서 사용하는 자연어로 명령을 내리면 이를 바탕으로 코드를 생성할 수 있게 되었습니다.

나아가 인공지능 연구 및 개발 커뮤니티에서 제공하는 오픈소스 소프트웨어와 라이브러리, 클라우드 소스 컴퓨팅의 발전 등은 인공지능 기술의 접근성을 크게 높였습니다. 이렇게 기술 진입장벽이 낮아지면서 스타트업과 중소기업도 과거에는 불가능했던 첨단 인공지능 기술을 활용한 제품과 서비스를 개발할 수 있게 되었습니다. 이는 경제 전반에 혁신을 촉진하며, 다양한 비즈니스 모델을 출현시켰습니다.

정부와 기업은 기술의 진입장벽을 낮추기 위한 다양한 노력을 기울이고 있습니다. 정부가 인공지능 기술의 진입장벽을 낮추기 위해 노력하는 것은 경제 성장, 국가 경쟁력 강화, 공공 서비스 개선, 사회적 문제 해결, 기술 인재 양성, 디지털 격차 해소 같은 다양한 이유에서 비롯합니다. 무엇보다 정부는 세계 경제에서 중요한 역할을 차지하고 있는 인공지능 기술을 도입하고 활용하여 국가 경쟁력 강화를 모색하고 있습니다. 이를 통해 경제 성장을 도모하고 공공 서비스의 효율성과 품질을 높이고자 합니다.

따라서 시민들에게 인공지능 관련 다양한 교육 프로그램을 제공하고 있습니다.

기업들은 무료 또는 저렴한 비용으로 기술 교육을 제공하는 등 다양한 방법으로 기술 접근성을 높이고 있습니다. 예를 들어 구글은 'Grow with Google' 프로그램을 통해 무료로 기술 교육을 제공하고 있습니다.[129] 소프트웨어 개발, 데이터 분석 등을 구글의 다양한 플랫폼과 도구를 활용해 디지털 시대에 적응하고 성장할 수 있도록 돕고 있는 것이지요. 기술의 진입장벽을 낮추는 기술 민주화 트렌드는 계속 이어지고 있습니다. 인공지능 시대에는 기술의 진입장벽이 낮아지고 이는 다양한 사람들이 높은 수준의 인공지능 기술을 어렵지 않게 활용하여 수많은 기회를 창출하는 세상을 열어 갈 것입니다.

그래서인지 최근 코딩 교육의 필요성에 대한 찬반 논쟁이 뜨겁습니다. 과거의 수많은 컴퓨터 언어들이 대체된 것처럼 코딩 능력은 점차 인공지능에 의해 간단하게 대체될 것이라는 견해가 있습니다. 경제협력개발기구OECD의 교육국장Director for Education and Skills 안드레아스 슐라이허는 학교에서 코딩 기술을 가르쳐도 학생들이 졸업할 때쯤이면 그 기술은 이미 쓸모가 없어질 것이라고 주장합니다. 그러면서 코딩은 현재 일시적으로 유효한 순간의 기술Mechanics of the moment이며 교육은 여기에 집중하기보다

'본질'에 초점을 둬야 한다고 밝힙니다. 그것은 코딩 자체가 아닌 코딩의 기저에 있는 '사고력'입니다. 이는 컴퓨터 기술을 떠난 어떤 대상에 대한 근본적인 개념을 이해하고 문제 해결 능력을 기르는 방향으로 교육이 나아가야 한다는 것입니다. 그래야만 학생들이 미래의 기술 변화에 제대로 적응할 수 있기 때문입니다.[130]

대체 불가한 인간의 영역

Q. 제임스 네슬빗이 아니라 존 나이스비트 아니야?

A. 네, 맞습니다. 죄송합니다. 하이터치High-touch 개념을 대중화한 사람은 제임스 네슬빗이 아니라 존 나이스비트John Naisbitt입니다. 제가 잘못된 정보를 제공했습니다.

이는 실제 챗GPT와 나눈 대화입니다. 하이터치의 개념에 대한 질문을 던졌더니 챗GPT는 제임스 네슬빗이라는 학자가 『메가트렌드』라는 책에서 최초로 사용한 단어라고 답변했습니다. 그런데 제가 알고 있는 정보와 달랐습니다. 웹 서핑을 해보아도 존 나이스비트가 맞다는 것을 알게 되었죠. 그래서 "제임스 네슬빗이 아니라 존 나이스비트가 아니야?"라고 질문하니 위와 같이 답변한 것입니다.

인공지능은 강력하지만, 여전히 빈틈이 많고 한계가 있는 것이 사실입니다. 그런데 만약 이 기술에 지나치게 의존해서 사실관계를 확인하지 않고 사용한다면 어떤 문제가 생길까요? 지난 몇 년간 생성형 인공지능을 사용하면서 느낀 점은 훌륭한 도구이지만 한계도 명확하다는 것입니다. 지식을 연결하는 능력, 지식이 사람들에게 어떻게 받아들여질지에 대한 감각, 가짜 뉴스와 오답에 대한 리스크 등이 여전히 존재합니다.

인공지능의 눈부신 발전 속도에 따라 우리는 자연스럽게 '인간이 인공지능에 대체되지 않는 요소는 무엇인가?'라는 질문을 하게 됩니다. 인간의 대체 불가한 영역에 관한 연구는 이미 많은 곳에서 이루어지고 있습니다. 여러 연구의 공통된 내용을 정리해 보면 다음과 같습니다.

첫째, 인간의 창의성입니다. 인간의 창의성은 인공지능이 모방하기 가장 어려운 영역입니다. 인공지능은 방대한 데이터를 학습하고 이를 바탕으로 패턴을 인식하며 주어진 규칙에 따라 문제를 해결하는 기계입니다. 반면 인간의 창의성은 단순한 데이터의 조합을 넘어섭니다. 인간은 자신의 개인적 경험과 감정 그리고 무의식적 직관을 바탕으로 창조적인 결과를 만들곤 합니다. 이 과정은 종종 비논리적이고 무의식적이기 때문에 기존의 패턴이나 규칙에 얽매이지 않는 경향이 있습니다. 그리고 이 창의성은 논리와 이성을 넘어 불가능한 것을 가능하게 만들고 예측 불가한 세상에서 사람들의 삶을 유지하는 데 중요한 역할을 합니다. 그래서 인간의 창의성이 가장 극적으로 드러나는 예술 분야가 주목받고 있는 것입니다.

둘째, 인간의 공감 능력입니다. 감정과 공감 능력은 인간의 가장 본질적인 특성이라고 할 수 있습니다. 인공지능이 계속해서 감정을 인식하고 반응할 수 있게 발전하고 있지만, 진정한 차원의 감정과 공감을 느끼는 것은 여전히 어렵습니다. 무엇보다 인간은 감정과 공감을 갈구하고 이는 사회적 상호작용을 통해 집단을 만들고 협력 행동을 촉진해 지금까지 생존할 수 있었습니다. 이 능력은 단순한 감정 이상의 것이며, 인간 사회의 바탕을 이루는 중요한 요소라고 할 수 있습니다.

셋째, 인간의 윤리 의식입니다. 인공지능의 발전과 함께 가장 화두가 되는 것이 바로 윤리적 문제입니다. 많은 연구에 따르면 윤리적 판단과 관련된 인간의 특성 또한 인공지능이 쉽게 모방하거나 대체할 수 없는 깊은 복잡성과 고유함을 가집니다. 윤리적 판단은 다양한 이해관계와 가치가 얽힌 복잡한 상황에서 이뤄지기 때문입니다. 이러한 복잡성은 수학적 알고리즘이나 패턴으로 완전히 이해하기 어렵습니다. 인간 특유의 상황적 맥락을 읽고 다양한 문화적·사회적·통합적인 고려가 필요합니다. 그리고 윤리적 문제는 과거에 일어나지 않은 예측 불가능한 상황에서 요구될 경향이 큽니다. 현재 인공지능의 부상과 함께 야기된 윤리적인 문제는 과거에는 존재하지 않았던 것들입니다. 그렇다면 과거의 데이터가 없는 이 문제를 인공지능이 윤리적으로 판단할 수 있을까요? 매우 어렵습니다. 그러나 인간은 직관과 경험을 바탕으로 해결하기 때문에 새로운 상황에 빠르게 적응해 대응할 수 있습니다.

이처럼 인공지능 시대에도 인간의 직관, 경험, 감정, 공감을 바탕으로 한 창의성, 윤리적 의식, 사회적 공감 능력 등은 여전히 대체 불가능한 영역입니다. 이와 같은 영역에서는 인간의 깊은 이해와 통찰이 중요한 공통점으로 작용합니다. 우리는 인공지능이 쉽게 대체할 수 없는 이러한 역량을 이해하고 발전시켜야 합니다.

우월함에서 두드러짐의 시대로

인공지능 시대의 도래는 일상생활, 업무 환경 그리고 성공의 정의에 근본적인 변화를 가져왔습니다. 이에 따라 미래의 인재상 역시 과거와는 다른 양상을 띱니다. 인공지능 시대 이전에는

'표준'과 '평균'이 중시되던 시대로, 사회의 기준에 맞춰 동일한 조건에서 요구되는 능력을 갖춘 사람들이 필요했습니다. 여기서 중요한 역량은 비교우위, 즉 다른 사람보다 더 뛰어난 능력을 발휘하는 것이었습니다. 이는 '우월함superior'이라는 개념으로 요약됩니다.

그러나 인공지능이 발달하면서 '평균의 종말'이 일어났습니다. 인공지능이 표준화된 작업을 대체하면서, 이제는 개성과 특이함이 중요해졌습니다. 사람들에게 요구되는 역량은 단순히 평균을 넘어서는 것이 아니라, 새로운 것을 창출하고 차별화된 결과물을 만드는 능력입니다. 이를 '두드러짐outstanding'이라고 표현할 수 있습니다.

이 두 개념의 어원적 배경을 살펴보면 차이가 더욱 명확해집니다. 'superior'는 라틴어 'superus'에서 유래하여 '위에 있는', '더 높은'이라는 뜻으로, 기존 체계에서 더 나은 성과를 내는 사람을 의미합니다. 반면 'outstanding'은 '돌출하다', '두드러지다'라는 뜻으로, 창의적이고 혁신적인 방식으로 문제를 해결하는 인재를 가리킵니다.

'superior'형 인재는 주로 기존 시스템 안에서 높은 효율성과 실행 능력을 발휘하는 사람들입니다. 예를 들어 애플의 팀 쿡은 회사의 기존 제품 라인을 안정적으로 관리하며 성과를 극대화했습니다. 반면 'outstanding'한 인재는 전통적인 틀을 넘어 혁신을 주도하고 새로운 가치를 창출합니다. 일론 머스크와 스티브 잡스가 그 대표적인 예로, 머스크는 전기 자동차와 우주 탐사 산업에 혁신을 가져왔고, 잡스는 기술 제품과 사용자 경험을 재정의했습니다.

두드러지는 인재는 단순히 효율성을 높이는 것을 넘어서 미래지향적 비전을 제시하고 혁신적인 전략을 개발할 수 있는 능력을 갖추고 있습니다. 이러한 인재는 시장 변화를 예측하고 새로운 기회 창출과 인간 간의 협업을 끌어내는 능력도 뛰어납니다. 특히 다양한 배경을 가진 사람들과의 협력을 통해 창의적 혁신을 이루어 냅니다.

윤리적 차원에서도 두드러지는 인재는 중요한 역할을 합니다. 기술 발전은 종종 윤리적·사회적 문제를 동반하는데, 이들은 기술의 영향을 깊이 고려하고 인간 중심의 가치를 지키며 복잡한 문제를 해결할 수 있는 능력을 갖추고 있습니다.

인공지능 시대에는 기존의 비교우위형 인재보다 사회적·윤리적 문제 해결과 혁신을 주도할 수 있는 창의적인 인재가 더 중요해집니다. 'superior'에서 'outstanding'으로의 전환은 단순히 기능적인 변화가 아닌, 가치와 목표의 근본적인 재정립을 요구합니다. 이는 인문학적 소양과 결합하여 개인의 고유한 능력과 잠재력을 최대한 발휘할 수 있는 교육과 훈련이 필요하며, 조직과 사회 역시 개인의 다양성을 존중하고 이를 활용하는 방향으로 변화해야 합니다. 이러한 변화는 경제적 효율성뿐만 아니라, 인공지능 시대에도 대체 불가한 개인으로 성장하는 기반이 될 것입니다.

가장 인간적인 사람이 된다는 것

메가트렌드는 단기적인 트렌드를 넘어서 수십 년에 걸쳐 지속되는 장기적인 변화를 의미합니다. 현대 사회에서 우리는 이러한 메가트렌드 중 하나인 인공지능의 진화를 목도하고 있습니다. 디지털 기술이 주목을 많이 받았지만, 그중에서도 인공지능은 지속적인 발전과 광범위한 영향을 미치며 메가트렌드로 자리 잡았습니다.

인공지능 기술이 우리 사회에 미치는 영향과 그 방향성에 대해 혼란스러운 시기를 맞고 있지만, 두려워할 필요는 없습니다. 인공지능을 두려워하기보다는 이를 통해 더 나은 세상을 만들고, 기술의 잠재적 위험성을 제어하며 유용한 도구로 활용하는 관점에서 바라보는 것이 중요합니다. 이것이 인공지능 시대에

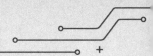

주인공이 되는 사람들의 가치관입니다. 우리는 이러한 시대적 흐름을 받아들이고 기회로 삼아야 합니다.

인공지능 시대는 15세기 르네상스 시대와 유사한 면이 있습니다. 르네상스 시기는 변화의 물결 속에서 새로운 기회를 가진 사람들에게 열려 있었듯이, 현재도 마찬가지로 미지의 영역에 도전하고 자신의 길을 창조하는 사람들에게 기회를 제공합니다. 특히 인공지능 시대에는 인간의 고유한 능력의 중요성이 더욱 커집니다. 기술 혁신이 새로운 차원의 능력을 요구하며, 이는 오히려 인간 고유의 능력을 훈련해야 하는 시대가 도래했음을 의미합니다.

이러한 관점에서 저는 이 책에서 인문학적 감각의 중요성을 강조했습니다. 인문학적 감각이란 단순히 인문학을 학문적으로 아는 것을 넘어, 인문학의 지혜를 삶의 다양한 영역에 적용하는 능력을 의미합니다. 이는 운동처럼 지속적으로 훈련해야 하는 능력입니다. 꾸준히 읽고, 쓰고, 토론하는 과정에서 강화됩니다. 또한 인공지능을 활용해 새로운 인문학적 질문을 던지고, 깊이 있는 답을 찾을 수 있습니다. 결국, 인공지능과 함께 일하면서도 인간다움을 유지하고 발전시키기 위해 새로운 차원의 감각을 기르는 것이 필요합니다.

무엇보다 인공지능 시대는 더 많은 여가와 자아실현의 기회를 제공하므로 진정한 열망을 실현할 수 있는 일을 찾아서 의미 있는 삶을 살아야 합니다. 인문학적 감각은 이러한 측면에서도 중요한 역할을 합니다. 인간다움의 위대함과 유일성을 인정하고, 이를 끊임없이 탐구하고 실천하는 것이 필요합니다. 새로운 것을 학습하는 것을 두려워하지 말고, 인문학적 지혜를 바탕으로 세상을 이해하며 경험해 보기 바랍니다. 인문학적 감각의 핵심은 평생 학습에 있습니다. 새로운 기술을 기꺼이 받아들이고, 인문학적 지혜로 이를 깊이 이해하며 발전해 나가야 합니다. 인공지능 시대에서 진정한 인간다움과 경쟁력은 인문학적 감각을 바탕으로 기술과 조화롭게 공존하며 발전하는 데서 나옵니다.

마지막으로 제가 사랑하는 영화 〈죽은 시인의 사회〉에 나오는 키팅 선생님의 말을 인용하며 이 책을 마무리하고자 합니다.

"의학, 법률, 사업, 기술은 고귀한 삶을 유지하는 데 필요하지만, 아름다움, 로맨스, 사랑, 이것들은 우리가 살아가는 이유야."

참고문헌

1 존 나이스비트, 도리스 나이스비트, 『미래의 단서』, 부키. 2018.

2 다니엘 핑크, 『새로운 미래가 온다』, 한국경제신문. 2020.

3 https://www.donga.com/news/article/all/20231124/122336376/1

4 https://www.shootonline.com/article/apples-fuzzy-feelings-wins-primetime-commercial-emmy-award/

5 스콧 하틀리, 『인문학 이펙트』, 마일스톤. 2017.

6 https://www.segye.com/newsView/20190831503767

7 https://www.psychologytoday.com/us/blog/the-modern-brain/201909/how-negative-news-distorts-our-thinking

8 Awakening to awe : Personal stories of Profound Transformation (2009), Jason Aronson

9 카트린 레퀴예, 『경이감을 느끼는 아이로 키우기』, 열린책들. 2016.

10 에리히 프롬, 『우리는 여전히 삶을 사랑하는가』, 김영사. 2022.

11 김난도 외, 『트렌드 코리아 2024』, 미래의창. 2023.

12 이시한, 『똑똑한 사람은 어떻게 생각하고 질문하는가』, 북플레저. 2024.

13 월터 아이작슨, 『레오나르도 다빈치』, 아르테(arte). 2019.

14 Munger Cahrles 외, 『Poor Charlie's Almanack』, Stripe Press, 2023.

15 에드워드 윌슨, 『통섭』, 사이언스북스. 2005.

16 https://www.businessinsider.com/stanford-symbolic-systems-major-alumni-2016-1

17 https://stanforddaily.com/2019/01/23/unique-to-stanford-symbolic-systems/

18 https://symsys.stanford.edu/

19 데이비드 엡스타인, 『늦깎이 천재들의 비밀』, 열린책들. 2020.

20 와카스 아메드, 『폴리매스』, 안드로메디안. 2020.

21 피터 버크, 『폴리매스』, 예문아카이브. 2023.

22 월터 아이작슨, 『레오나르도 다빈치』, 아르테(arte). 2019.

23 센딜 멀레이너선, 엘다 샤퍼, 『결핍의 경제학』, 알에이치코리아. 2014.

24 에리히 프롬, 『인간의 마음』, 문예출판사. 2002.

25 셰리 터클, 『외로워지는 사람들』, 청림출판. 2012.

26 에리히 프롬, 『인간의 마음』, 문예출판사. 2002.

27 https://www.schwarzmancentre.ox.ac.uk/about

28 https://www.schwarzmancentre.ox.ac.uk/

29 https://www.imd.org/ibyimd/artificial-intelligence/keeping-the-human-touch-why-people-remain-essential-in-the-age-of-ai/

30 맥스 테그마크, 『맥스 테그마크의 라이프 3.0』, 동아시아. 2017.

31 https://www.washingtonpost.com/national/on-innovations/why-you-should-quit-your-tech-job-and-study-the-humanities/2012/05/16/gIQAvibbUU_story.html

32 백영재, 『THICK data 씩 데이터』, 테라코타. 2023.

33 율리안 니다-뤼멜린, 나탈리에 바이덴펠트, 『디지털 휴머니즘』, 부산대학교출판문화원. 2020.

34 http://footyheadlines.com/2014/06/nike-launch-last-game-animated-film.html

35 Hans Moravec, 「When Will Computer Hardware Match the Human Brain?」, Journal of Evolution and Technology, 1998. vol. 1.

36 조지 앤더스, 『왜 인문학적 감각인가』, 사이. 2018.

37 마이클 J. 겔브, 『다빈치의 천재가 되는 7가지 원칙』, 강이북스. 2016.

38 칼 뉴포트, 『하이브 마인드』, 세종서적. 2021.

39 니콜라스 카, 『생각하지 않는 사람들』, 청림출판. 2020.

40 요한 하리, 『도둑맞은 집중력』, 어크로스. 2023.

41 로라 오즈월드, 『마케팅 기호학』, 커뮤니케이션북스. 2013.

42 칼 뉴포트, 『딥 워크』, 민음사. 2017.

43 마르틴 하이데거, 『존재와 시간』, 동서문화사. 2023.

44 요한 하리, 『도둑맞은 집중력』, 어크로스. 2023.

45 https://www.allbusiness.com/bill-gates-think-week

46 https://www.surfoffice.com/blog/steve-jobs-and-the-company-retreats-how-he-took-his-company-to-the-next-level

47 https://www.smithsonianmag.com/arts-culture/how-steve-jobs-love-of-simplicity-fueled-a-design-revolution-23868877/

48 https://about.google/intl/ALL_us/our-story/

49 https://www.thinkwithgoogle.com/future-of-marketing/creativity/8-pillars-of-innovation/

50 크리스토퍼 라쉬, 『나르시시즘의 문화』, 문학과지성사. 1989.

51 지그문트 바우만, 『액체 근대』, 강. 2009.

52 앤소니 기든스, 『현대성과 자아정체성』, 새물결. 2010.

53 조셉 캠벨, 빌 모이어스, 『신화의 힘』, 21세기북스. 2020.

54 앤소니 기든스, 『현대성과 자아정체성』, 새물결. 2010.

55 John Niles, 『Homo Narrans』, University of Pennsylvania Press, 2010.

56 https://www.livemint.com/news/trends/worst-commercial-ever-Apple-faces-backlash-for-new-ipad-ad-as-incredible-power-seen-crushing-musical-instruments-11715236993760.html

57 https://www.foxbusiness.com/technology/Apple-forced-apologize-new-ipad-pro-ad-sparks-controversy-online-missed-mark-sorry

58 Yael L. E. Ankri ,「Stress and Right Prefrontal Transcranial Direct Current Stimulation (tDCS) Interactive Effects on Visual Working Memory and Learning」, 『Brain Sicence』, 13, 1642, 2023.

59 켄 로빈슨, 루 애로니카, 『누가 창의력을 죽이는가』, 21세기북스. 2021.

60 https://theflags.org/flags-of-the-world-exploring-cultural-diversity-through-national-symbols/

61 https://doodles.google/doodle/celebrating-the-late-wewa/

62 브루스 누스바움, 『창조적 지성』, 21세기북스. 2013.

63 리처드 플로리다, 『신창조 계급』, 전자신문사. 2011.

64 마이클 폴라니, 『암묵적영역』, 박영사. 2015.

65 레이 달리오, 『원칙』, 한빛비즈. 2018.

66 https://www.ohmynews.com/NWS_Web/Series/series_premium_

pg.aspx?CNTN_CD=A0002656107&CMPT_CD=P0010&utm_
source=naver&utm_medium=newsearch&utm_campaign=naver_news

67 https://www.nytimes.com/2018/10/26/style/digital-divide-screens-schools.html

68 https://www.independent.co.uk/tech/bill-gates-and-steve-jobs-raised-their-kids-techfree-and-it-should-ve-been-a-red-flag-a8017136.html

69 https://www.standard.co.uk/hp/front/how-to-limit-childrens-screen-time-tech-pioneers-mark-zuckerberg-bill-gates-a3689611.html

70 https://www.waituntil8th.org/

71 로버트 스턴버그 외, 『실용지능』, 부글북스. 2008

72 마사 누스바움, 『학교는 시장이 아니다』, 궁리. 2016.

73 대니얼 코일, 『탤런트 코드』, 웅진지식하우스. 2021.

74 스탕달, 『로마, 나폴리, 피렌체』, 지식을만드는지식. 2023.

75 https://en.ehu.lt/news/stendhal-syndrome-students-interview/

76 프리드리히 니체, 『인간적인 너무나 인간적인』, 동서문화사. 2016.

77 마르틴 스코프, 오신 바타니안, 『신경미학』, 북코리아. 2019.

78 Dietrich, A. (2004). "The Cognitive Neuroscience of Creativity." Psychonomic Bulletin & Review, 11, 1011-1026.

79 Raymond A. Mar, Keith Oatley, & Jordan B. Peterson (2009). "Exploring the Link Between Reading Fiction and Empathy: Ruling Out Individual Differences and Examining Outcomes." Communications: The European Journal of Communication Research, 34(4), 407-428.

80 아서 애플랜드, 『인지 중심 미술 교육론 탐구』, 교육과학사. 2006.

81 https://www.youtube.com/watch?v=2pw-YZ7KuFY

82 줄리아 크리스테바, 『세미오티케』, 동문선. 2005.

83 Kidd, D. C., & Castano, E. (2013). "Reading Literary Fiction Improves Theory of Mind." Science, 342(6156), 377-380.

84 https://human.libretexts.org/Bookshelves/Philosophy/Introduction_to_

Philosophy_(OpenStax)/02%3A_Critical_Thinking_Research_Reading_
and_Writing/2.05%3A_Reading_Philosophy

85 https://www.brainfacts.org/neuroscience-in-society/tech-and-the-
brain/2021/how-smartphones-hijack-the-brain-010821

86 https://www.psychologytoday.com/intl/blog/mental-wealth/201402/
gray-matters-too-much-screen-time-damages-the-brain

87 에릭 H. 에릭슨, 『유년기와 사회』, 연암서가. 2014.

88 토마스 험프리 마셜, 톰 보토모어, 『시민권』, 나눔의집. 2014.

89 유발 하라리, 『호모 데우스』, 김영사. 2023.

90 버트런드 러셀, 『행복의 정복』, 사회평론. 2005.

91 버트런드 러셀, 『행복의 정복』, 사회평론. 2005.

92 마르틴 하이데거, 『존재와 시간』, 동서문화사. 2023.

93 피터 투이, 『권태』, 미다스북스. 2011.

94 https://sports.donga.com/article/all/20221026/116172275/3

95 미하이 칙센트미하이, 『몰입, FLOW』, 한울림. 2005.

96 https://www.joongang.co.kr/article/25260029

97 막스 귄터, 『돈의 원리』, 북스넛. 2006.

98 나심 니콜라스 탈레브, 『안티프래질』, 와이즈베리. 2013.

99 모니카 C. 파커, 『경이로움의 힘』, 온워드. 2023.

100 윌리엄 제임스, 『근본적 경험론에 관한 시론』, 갈무리. 2018.

101 Paul silva, Exploring the Psychology of Interest, Oxford University
Press, USA, 2006.

102 칼 뉴포트, 『Slow Productivity』, Portfolio, 2024.

103 https://rpl.hds.harvard.edu/religion-context/case-studies/
technology/mindfulness-silicon-valley

104 https://www.businesstoday.in/latest/trends/story/the-late-indian-
guru-whose-ashram-twitter-founder-jack-dorsey-goes-for-
vipassana-239882-2019-11-25

105 https://www.psychologytoday.com/us/blog/the-science-behind-
behavior/201604/if-mindfulness-is-popular-why-is-everyone-so-

mindless

106 엘리 프레이저, 『생각 조정자들』, 알키. 2011.

107 네이트 클렘프, 『오픈 : 열린 마음』, 다산북스. 2024.

108 마르틴 하이데거, 『휠덜린의 송가 (이스터)』, 동문선. 2005.

109 마르틴 하이데거, 『숲길』, 나남. 2020.

110 박찬국, 『삶은 왜 짐이 되었는가』, 21세기북스. 2017.

111 마거릿 로벤스타인, 『르네상스형 인간』, 돋을새김. 2009.

112 https://www.chosun.com/economy/stock-finance/2024/05/30/
QPDEFGPYY5AITCSSLJSDYNZL2Q/

113 이 사이클은 기술이 시장에 등장하여 채택되기까지의 과정을 다섯 단계로 나
눕니다: 기술 촉발(Technology Trigger), 기대의 정점(Peak of Inflated
Expectations), 환멸의 골짜기(Trough of Disillusionment), 계몽의 상승
(Slope of Enlightenment), 생산성의 안정(Plateau of Productivity).

114 https://www.gartner.com/en/newsroom/press-releases/2023-
11-28-gartner-hype-cycle-shows-ai-practices-and-platform-
engineering-will-reach-mainstream-adoption-in-software-
engineering-in-two-to-five-years

115 레이 커즈와일, 『특이점이 온다』, 김영사. 2007.

116 https://siepr.stanford.edu/news/nvidias-jensen-huang-incredible-
future-ai

117 맥스 테그마크, 『맥스 테그마크의 라이프 3.0』, 동아시아. 2017.

118 Good, I. J. (1965). Speculations Concerning the First Ultraintelligent
Machine. Advances in Computers, Volume 6, pp. 31-88. Academic
Press.

119 허태균, 『어쩌다 한국인』, 중앙북스. 2015.

120 유발 하라리 외, 『초예측』, 웅진지식하우스. 2019.

121 https://www.edaily.co.kr/News/Read?newsId=02286166615895136
&mediaCodeNo=257&OutLnkChk=Y

122 크리스 앤더슨, 『롱테일 법칙』, 더숲. 2012.

123 토드 로즈, 『평균의 종말』, 21세기북스. 2021.

124 김난도 외, 『트렌드 코리아 2023』, 미래의창. 2022.
125 https://every.to/napkin-math/the-one-person-billion-dollar-company
126 매트 리들리, 『이성적 낙관주의자』, 김영사. 2010.
127 타일러 코웬, 『4차 산업혁명 강력한 인간의 시대』, 마일스톤. 2017.
128 유발 하라리, 『호모 데우스』, 김영사. 2023.
129 https://grow.google/intl/ko_kr/
130 https://oecdedutoday.com/should-schools-teach-coding/